奇蹟の馬

サイレンススズカ

柴田哲孝

ハルキ文庫

角川春樹事務所

Miraculous horse

奇蹟の馬
サイレンススズカ

Silence Suzuka

目次

奇蹟の馬

サイレンススズカ

Silence Suzuka

衝撃

夢は、一瞬のうちに燃えつきるものだ。

けっして忍び寄るように終焉《しゅうえん》が訪れたりはしない。

あるときは泡がはじけるように。あるときは火が消えるように。また、あるときは光が疾《はし》り去るように。

後に残されるものは、人々の心に刻まれた記憶だけだ。

一九九八年（平成一〇年）、秋――。

ひとつの夢が燃えつきた。

その日、私はヨーロッパでの二週間の取材旅行を終え、パリから成田へ向かう機中にいた。たまたま日本の航空会社の便を使ったこともあり、二日前の日本の新聞が手に入った。紙面を開くと、一面の片隅にある、一段組みの小さな記事が目に入った。その見出しを見たときの衝撃と、記事を読み進むうちに味わった重苦しい絶望感が、いまも心の中でくすぶり続けている。

一一月一日、東京二〇〇〇メートルの芝コースで行なわれた第一一八回天皇賞において、本命馬サイレンススズカがレース中に骨折、安楽死――。

稀代《きたい》の快速馬といわれた一頭のサラブレッドの死を、その記事は感情を抑えながら、いかにも一般紙らしく淡々と伝えていた。誰《だれ》を批判するでもなく、悲劇の責任を追及することもなく、一切の脚色も省かれていた。

だからこそだろうか。その短い記事によって、逃げ場のない現実を突きつけられ、同時に物事の本質を見たような気がした。

骨折による競走馬の安楽死は、けっして例外的なものではない。サラブレッドという種の資質、さらに競馬という特殊なシステムの中にあって、むしろ日常的に起こり得る事象といってもいい。

古くは六七年一二月一七日の、阪神大賞典におけるダービー馬キーストンの悲劇がある。自らの骨折の痛みに耐えながら、落馬した騎手の安否を気遣う姿が、いまも古い競馬ファンの間に語り継がれている。

七八年一月二二日の日経新春杯では、現在では考えられない六六・五キロという斤量を背負わされた名馬テンポイントが骨折。延命治療が試みられたが、一カ月半後に衰弱死している。

さらに九五年六月四日には、史上最強のステイヤーといわれたライスシャワーが宝塚記念のレース中に骨折。やはり安楽死となった。

だが、これらの事例は氷山のほんの一角にすぎない。この他にも有名無名を問わず、ターフに散ったサラブレッドの例は数限りない。

サラブレッドは、人間が作り出した動物である。

野生の馬を飼い、長い年月にわたり改良を施し、時には危険な配合を繰り返しながら、常に美と速く走ることだけを追求し、進化を強制された芸術である。その結果、サラブレッドは、本来の馬が持つべき頑健な体という資質を犠牲にしてしまった。もしサイレンススズカが究極のサラブレッドであったとするならば、天皇賞の事故も起こるべくして起きた必然の結果ということになる。

卓越した競走馬の死は、一個の生命の終焉という単純な事実だけでは終わらない。その馬の持つ未来への可能性、例えば種牡馬《しゅぼば》としての能力や血統の消滅を考えると、サラブレッドという種に及ぼす損失には計り知れないものがある。

さらに、サイレンススズカ――〝彼〟の死には、通常の名馬とは次元の違う重要な意味が含まれていた。

もし人間が神の力を借りて、完全無欠のサラブレッドを作り出すことができたとしたら。果たして、その馬は二〇〇〇メートルの距離を何分何秒で走り切ることができるのか――。彼はすべての可能性を謎《なぞ》に包んだまま、自らの未来を遮断してしまったのだ。

片鱗

すべてのカリスマがこの世に最初の光を放つ瞬間は、鮮烈だ。

そしてカリスマは、往々にして周囲の理解を得られないがために、不遇の時代を過ごす運命を背負っている。

九七年二月一日、京都四歳（当時）新馬戦（芝一六〇〇メートル）——。

後に〃天才〃と呼ばれる〃彼〃は、同齢馬より少し遅れ、ターフにデビューを果たした。父はすでに世界的な名サイアーとして不動の地位を築いたサンデーサイレンス。母は橋《はし》田満《だみつる》調教師が米国から輸入したネイティブダンサー系の名牝《めいひん》ワキアである。もしサラブレッドが血統による産物であるとするならば、現段階でこれ以上は考えられないような名血の結晶だった。

実際に〃彼〃はデビュー以前から天才たる片鱗《へんりん》を見せていた。新馬戦直前に栗東《りっとう》の坂路で行なわれた追い切りで、〃彼〃は五二秒という時計を叩き出している。これは古馬（旧齢で五歳以上）の、しかもＧＩクラスの一流馬に匹敵する時計だった。

レース当日、〃彼〃はその血統の良さと、信じ難い調教タイムにより、当然のように一一頭中の一番人気に推された。騎手は若手の上村洋行《うえむらひろゆき》だった。

結果は、周囲に期待以上の衝撃を与えた。スタート直後、他馬とはまったく別次元の脚を使い、難なく先頭に立つ。そのまま楽なペースで走っているように見えながら、後続との差が見る間に開いていった。

新馬戦ということもあって、鞍上《あんじょう》の上村もあえてこれを抑えようとはしない。一頭だけ、まったく異なる生き物が走っているような錯覚があった。単に速度だけでなく、輝くほどの美しさにおいても——。

最後の直線に入っても、脚色はまったく衰えを見せなかった。上村が一度もステッキを入れないにもかかわらず、後続との差がさらに開いていく。〝彼〟は自分の意思で先頭に立ち、自分の意思で走り、最後は自分の意思で七馬身差の圧勝劇を演じて見せたのだ。

もっとも驚いたのは、騎乗した上村であったのかもしれない。ステッキを入れずにあれだけの勝ち方をしたことは、上村にとって鮮烈な経験だった。

実際に、上村はレース後のインタビューで「あんなに凄《すご》い馬に跨《また》がったのは初めて……」であることを興奮気味に語っている。若い上村にしてみれば、サイレンススズカこそが「自分をクラシックの頂点に導いてくれる馬――」に思えたことだろう。

上村だけでなく、単なる傍観者にすぎない私も「今年のクラシックを制するのはこの馬ではないか」という予感を覚えたひとりだった。それほど、あの新馬戦の勝ち方にはインパクトがあった。

だが、デビューから二戦目で、早くも〝彼〟は大きな挫折を経験することになる。

同年三月二日、中山――。

デビューが遅かったサイレンススズカをクラシックに間に合わせるために、橋田調教師が二走目に選んだのが、皐月賞のステップレースに指定された報知杯弥生《やよい》賞（GⅡ・芝二〇〇〇メートル）だった。このレースに三着以内に入賞すれば、彼はわずか二走のキャリアでクラシックの緒戦、皐月《さつき》賞の出走権を手に入れることになる。

いま振り返ってみても、この弥生賞には錚々《そうそう》たるメンバーが顔を揃《そろ》えていた。

前年の朝日杯三歳ステークスを三着と好走したエアガッツ。後に同年のクラシック二冠馬となるサニーブライアン。武豊《たけゆたか》とコンビを組むランニングゲイル。それでもこの中にあって〝彼〟は、エアガッツに次ぐ二番人気に推された。その事実だけを見ても、デビュー戦の勝ち方がいかに非凡なものであったかを物語っている。

陣営もまた、むしろ楽観的ですらあった。初めての長距離輸送や初めての二〇〇〇メートル、さらに厚いメンバーなど不安材料は多かったが、すべて素質だけで克服できると踏んでいた。だが〝彼〟は、天性の気性の荒さを爆発させ、スタート前にこのレースをぶち壊してしまった。

ゲートに入った直後、〝彼〟は突然暴れ出したのである。

振り落とされた騎手の上村は、地面に叩《たた》きつけられたまま動かない。上村は痛みに耐えてなんとか騎乗するが、結局スタート時間を遅らせ、外枠発走の処置がとられることになった。

レース内容も散々だった。完全に出遅れた〝彼〟は、まるで背に人を乗せるのが初めての野生馬のように奔放に振る舞った。背中を丸め、足をからませて斜めによろけたかと思うと、突然火がついたように引っ掛かって突っ走る。それでも、道中は素質だけで信じられないような伸びを見せるが、結果は八着の惨敗に終わった。勝ったのは、武豊とランニングゲイルだった。

普通、ゲート内で暴れ出す馬には二つのタイプがある。単に臆病《おくびょう》な馬か。もしくは、異常に闘争本能が強い馬か。ただひとついえることは、安易に人間には服従しない頑固な一面を持っているということだ。

だが、競馬は人間と馬の共同競技である。馬の能力を、人間が操るという建て前の上に成り立っている。当然、人間は自らのルールの下に馬を従わせようとする。

弥生賞の惨敗によって皐月賞出走が絶望的になった〝彼〟は、次の目標であるダービーを目指すために、平場のレースから再出発することになった。

失望

四月五日、阪神五〇〇万下（四歳・芝二〇〇〇メートル）――。

このレースは、四歳の下級条件戦としては異様な雰囲気の中で行なわれた。サイレンススズカが出走することを知ると、ほとんどの有力馬はこれを回避。出走わずか一二頭、しかも二流のメンバーしか集まらなかった。

弥生賞であれだけの失態を演じてもなお、〝彼〟の威光はまったく衰えていなかったのだ。当日の単勝オッズは一・二倍の一番人気。二着争いに興味が集中したレースだった。

期待通り〝彼〟はここでも派手な圧勝劇を演じた。

この日はゲートも落ち着いていた。雨、重馬場という悪条件をものともせず、他の馬とは別格の加速であっさりとハナに立った。そのまま後続を馬なりで突き放し、二着を七馬身ちぎってゴールに飛び込んできた。

サイレンススズカは復活した。だが、騎手の上村の胸中は複雑だった。

当初、上村は後のクラシックを視野に入れ、〝彼〟に「控える競馬」をさせるつもりだったという。ところが〝彼〟は、上村の思いを無視し、勝手にハナに立ち、勝手に逃げ切ってしまったのだ。

皐月賞をあきらめたサイレンススズカの陣営は当初、青葉賞からダービーを目指す日程を組んだ。だが、一週前の調教中に左前足の球節を負傷。仕方なく五月一〇日、東京のプリンシパルステークスに、ダービーへの最後の望みを託すことになった。

上村はここでも、控える競馬を〝彼〟に試している。今回は、うまくいった。前半の一〇〇〇メートルを一分〇一秒八のスローペースの中で、上村は二、三番手の好位で折り合いをつかせ、最後の直線に勝負を賭《か》けた。おそらく、上村が〝彼〟の鞍上を務めるようになってから、まともにステッキを入れて追ったのは、このレースの直線が初めてだったのではなかったかと思う。

結果は、ランニングゲイルやマチカネフクキタルといった一流どころを首差で押さえ切り、ダービーの出走権を勝ち取った。

だが、上村はそれでも納得していなかったに違いない。勝つには勝ったが、わずか首差の辛勝である。上村の手の中には、まだ新馬戦や阪神五〇〇万下を逃げ勝ったときの鮮やかな手応えが残っていた。本来の能力からすれば、もっと大差で圧勝してもいいはずだった。

そして六月一日、問題のダービー（GⅠ・芝二四〇〇メートル）を迎える。

この頃になると、〝彼〟が典型的な逃げ馬であることは、周囲でも暗黙の了解になっていた。スタート直後のテンのスピード、道中の脚、スタミナ、そして何よりも先に行かなければ気がすまない強い気性。どれをとっても、〝彼〟が逃げ馬であることを否定する要因はひとつも存在しない。正直、私は「ダービーでの〝彼〟の逃げ」に期待していた。

橋田調教師と上村騎手は、ここで究極の選択を迫られることになる。

逃げるのか。

それとも、好位差しにこだわるのか。

現在の日本の競馬は展開に一定のパターンがある。前半はスローペースで流れ、最終コーナーを回り、最後の直線の差し脚だけで勝負が決まる。特に中長距離のレースほど、その傾向が強い。

この展開の中、もっとも有利なのが好位もしくは中団からの差しである。過去から現在に至るまでの一流馬のほとんどが、好位中団からの差しを決め手にする馬だったことも、それを証明している。

逆に逃げ馬は、うまくはまれば圧勝の可能性もあるが、確実性に欠ける。

他の馬のペースメーカーにされやすく、スタミナの温存も難しい。特にダービーは、二四〇〇メートルの長丁場だ。これは四歳春の牡馬にとって、ただでさえスタミナの限界に近い距離である。

しかも東京コースは、最後の直線が長い。逃げ馬が勝つ確率は、きわめて低くなる。

もし〝彼〟がダービーに勝つ可能性のない二流馬であったとしたら。もしくは、プリンシパルステークスを控えて負けていたとしたら。思い切って〝逃げ〟という手はあった。だが、陣営の最終的な決断は、「好位からの差し」という安全策になった。

スタート直後、皐月賞を逃げ切ったサニーブライアンと大西が、やはり先手を取った。上村は、行きたがる〝彼〟を抑え、三番手の好位に控えさせた。

だが、引っ掛かった〝彼〟は、逆に道中でスタミナを使い果たしてしまった。直線ではまったく伸びを欠き、馬群に沈み、九着の惨敗に終わった。しかも、勝ったのは同じ逃げ馬のサニーブライアンという皮肉な結果になった。

道中で手綱を絞られ、前にも行けず苛立《いらだ》ち、自分を押さえようとする力に必死で抵抗しようとする〝彼〟の姿が、いまも私の瞼《まぶた》に焼きついている。

〝彼〟は、自分に力があることを知っていた。なぜ、その力を抑えられるのか。なぜ、好きなように走らせてもらえないのか。おそらく、〝彼〟にはわからなかったに違いない。

もしあの時、〝彼〟が自由に放たれていたとしたら――。

九七年のダービーは、まったく異なる結果になっていたかもしれない。

狂気

カリスマは、ある意味で狂気である。

時として周囲の者を翻弄《ほんろう》し、傷つけ、破滅に追いやることもある。それはすなわち、カリスマの能力がいかに偉大であるかの証明にほかならない。

ダービーの惨敗は、皮肉なことに逆に〝彼〟の新たな可能性を開くきっかけとなった。陣営に対し、自分が逃げ馬であることを、結果的に力ずくで認めさせたのである。

休養明けの秋の緒戦、九月一四日の神戸新聞杯（GⅡ・芝二〇〇〇メートル）で〝彼〟は新馬戦以来、久し振りに自由に逃げることを許された。鞍上の上村も、無理に抑えようとはしなかった。だが、圧勝目前で後の菊花賞馬マチカネフクキタルの鬼脚に差され、二着に終わる。そして、この神戸新聞杯が上村と〝彼〟の最後のレースとなった。

もし〝彼〟に運命を翻弄された者があるとすれば、それはまず第一に騎手の上村洋行であったろう。

上村の目指したものは、正攻法により、〝彼〟とともに王道を歩むことだった。そして、上村のやり方はけっして間違ってはいなかった。

だが、時期が悪かったのだ。まだ四歳のあの時点で、〝彼〟が常識外の天才であることを誰が予想し得ただろうか。

若手の上村に替わって二代目の主戦騎手として白羽の矢が立てられたのは、ベテランの河内洋《かわちひろし》だった。

サイレンススズカは能力こそ一級品だが、逆に典型的な〝クセ馬〟でもあった。

騎手が抑えれば、引っ掛かる。前に一頭でもいれば、逆に抜きにかかる。そうかといって解き放てば、とんでもないペースで突っ走る。河内は東西きってのクセ馬を乗りこなす名手として知られていた。

ダービーの経験から、サイレンススズカを距離適性を二〇〇〇メートルまでの中距離と判断した橋田調教師は、あえてクラシック最終戦の菊花賞（GⅠ・芝三〇〇〇メートル）を回避し、一〇月二六日の天皇賞（秋・GⅠ・芝二〇〇〇メートル）に送り込んだ。ここで〝彼〟は、他の同齢馬よりもひと足早く歴戦の古馬と対峙《たいじ》することになった。

天皇賞ともなると、さすがにメンバーも厚い。この日も天皇賞（秋）の連覇を狙《ねら》うバブルガムフェローをはじめ、当時最強牝馬と呼ばれたエアグルーヴ、GⅠ二勝のジェニュインなどの強豪が顔を揃えた。

その中で〝彼〟はまったく臆することなく、大逃げを展開する。

さすがに古馬の一流どころを相手に逃げ切るまではいかなかったが、一着エアグルーヴから一秒遅れの二分〇〇秒で東京の二〇〇〇メートルを走り切り六着に入賞。その能力が古馬に対しても十分に通用することを証明してみせた。

だが、次走の一一月一六日マイルチャンピオンシップ（GⅠ・芝一六〇〇メートル）で、

"彼"は生涯最大の惨敗を喫することになる。このレースは、あらゆる面でツキがなかった。出走全一八頭の中に、まったく同じタイプの逃げ馬キョウエイマーチがいたこともそのひとつだった。

テンのスピードを生かし、〝彼〟はいつものようにハナを奪うが、すぐにキョウエイマーチに強引に抜き返された。これで、火がついた。

その後は二頭の競り合いになり、前半五ハロン（一ハロン＝二〇〇メートル）を五六・五秒という、常軌を逸したハイペースの展開になった。もちろん河内にも、いくらなんでも速すぎることはわかっていただろう。だが、クセ馬の名手といわれた河内がいくらなだめても、一度ついた〝彼〟の火を消すことはできなかった。

さらに、四コーナーの手前で鞍《くら》ズレを起こし、〝彼〟は一気に後方に下がりはじめる。結果は一五着という屈辱的な大敗に終わった。

河内もまた、天才の狂気に翻弄されたひとりだったのかもしれない。四歳の秋、古馬を相手にGI二鞍に騎乗するが、運に見離されたこともあって、まったく結果を残すことなく、〝彼〟の鞍上を去ることになった。

だが、反面、その後〝彼〟が逃げ馬として一流になっていくための基盤を築いたのも、河内ではなかったかと思う。

河内は暗中模索の中から、〝彼〟の様々な可能性を見出《みいだ》した。天皇賞では逃げ馬としての能力を開花させ、マイルチャンピオンシップではスピードの限界を試すことに成功した。

そして河内は、自らの手で完成し得なかった大器の命運を、もっとも信頼のおける後輩の手にゆだねることになった。

天才を理解できるのは、天才だけだ。

新たなパートナーは、武豊だった。

天才

おそらくクセ馬を乗りこなすことにかけて、武豊以上の騎手は日本に存在しない。まず馬を落ち着かせ、けっして力ずくで抑えようとはせず、自由に走らせているようでいながら、いつの間にか思いのままに操っている。馬に、人間に命令されているという意識を与えない。その騎乗は馬との会話を楽しんでいるかのように、一体感がある。

武が〝彼〟とコンビを組んだ最初のレースは、一二月一四日の香港《ホンコン》国際カップ（国際GⅡ・香港GⅠ・一八〇〇メートル）だった。あえて日本を離れ、海外遠征に活路を見出そうとした背景には、マイルチャンピオンシップの予想外の大敗も一因だが、距離適性への問題もあった。

橋田調教師は、サイレンススズカのベストの距離は一八〇〇から二〇〇〇メートルと判断した。そうなると、この時期の日本には出走するべきレースが存在しない。

一二〇〇メートルのスプリンターズステークスでは短すぎるし、二五〇〇メートルの有馬記念では明らかに長すぎる。馬の格を考えれば、下級条件のレースに出すわけにもいかない。香港への遠征は、むしろ当然の措置だった。

武は最初の一戦ということもあって、あえて〝彼〟の好きなように走らせたうえで、そのクセや力量を見極めようとしたのかもしれない。

〝彼〟にとっては国際レースであろうとなかろうと、そんなことは無関係だった。海外の一流馬を相手に堂々と先手を取り、いつものように大逃げを展開した。

だが、香港の芝は日本より重い。ゴール手前一〇〇メートルまで先頭を走っていたが、ここで一気に馬群にかわされ、五着に終わった。

ところがレース後、武豊から思わぬ言葉が飛び出した。

「この馬は、化け物だと思った……」

考えてみれば、武が〝彼〟を化け物だと思うのも当然だった。

初めての重い芝。国際GI級の海外の一流馬。その中で四歳馬があんな無茶な競馬をして、一四頭中トップから〇秒三差の五着にまで残ったのである。

確かに、気性は荒い。競馬はメチャクチャだ。だが、将来の可能性という意味では、とてつもないものを秘めている。武は〝彼〟にたった一戦乗っただけで、その能力と「いかに乗るべきか」を見抜いていた。

そしてもちろん〝彼〟自身も、時が経《た》てば幼さが抜けてくる。「いかに走れば勝てるか」を理解できるようになってくる。

かねてから、橋田調教師は周囲にいっていた。サイレンススズカは「古馬になれば本格化する」と――。

年が明けて九八年。〝彼〟は晴れて五歳となり、古馬の仲間入りを果たした。

二月一四日、東京――。

〝彼〟の五歳緒戦は、バレンタインステークス（芝一八〇〇メートル）に決まった。

武豊は自身二戦目となるこのレースで、〝彼〟にひとつの課題を求めた。道中で「息を入れる」ことを教えようとしたのである。

普通、すべての運動は、無酸素運動と有酸素運動の二種類に大別される。陸上競技でいえば、一〇〇メートルから四〇〇メートルまでの短距離が無酸素運動にあたり、それ以上の長距離が有酸素運動にあたる。無酸素運動の場合、通常はその途中でほとんど呼吸を行なわない。人間の無酸素運動の限界にあたる四〇〇メートル走が、陸上競技の中でもっともつらい種目といわれる理由もそこにある。

競走馬が走る中距離、一八〇〇から二〇〇〇メートルは、その心肺能力から換算すると、人間の走る三〇〇メートル前後に相当する。つまり、無酸素運動の限界点を二割ほど下回るだけだ。通常、馬はその間に一度か二度は息を入れる。

ところが〝彼〟のように引っ掛かるクセのある逃げ馬は、その距離をほとんど呼吸せずに、文字通り無酸素のまま走り切ろうとする。これはいくらなんでも無理だ。結果として、四コーナーあたりで肉体は限界を迎え、そこで初めて息が入り、脚が止まってしまう。

それまでの〝彼〟の負け方は、ほとんどそのパターンにあてはまる。それでも香港国際カップで五着にまで残るのだから、武が「化け物」と評価したことは十分に理解できる。その〝彼〟が、もし肉体が限界を超える以前の段階で、息を入れる術《すべ》を身につけたとしたら……。

間違いなく、二〇〇〇メートル級の中距離の史上最強馬が誕生する。

あくまでも、これは理論だ。かつて何人もの騎手が、ありとあらゆる逃げ馬にその方法を試みてきた。そしてほとんどの場合、実現することなく馬に翻弄されるだけで終わっている。だが、武は実際にそれをやってのけた。

前半、武は〝彼〟の好きなように走らせた。

〝彼〟はいつものように引っ掛かり気味に突っ走る。最初の一〇〇〇メートルの通過を五七秒八。これは、一八〇〇メートルのレースでは常識では考えられないほどのハイペースだ。そのまま走り続ければ、例のごとく最後の直線で潰《つぶ》れることは目に見えていた。

ところがここで、武がマジックを使った。

三コーナーの入口あたりで、急に〝彼〟が我を取り戻したのがわかった。四コーナーを回っても、スピードは落ちない。そのまま武はほとんどステッキを入れることなく、二着に四馬身の大差を保ったまま逃げ切ってしまった。

サイレンススズカという馬を論ずる場合、競走馬としての前半と後半で、まったく異なる二頭の馬が存在することに気づく。前半は能力が高いだけで気性がメチャクチャなクセ馬であり、後半は超一級品の逃げ馬である。そして、その二種類の〝彼〟の節目となるレースが、この五歳緒戦のバレンタインステークスではなかったかと思う。

もちろん、ごく普通の逃げ馬が、道中で偶然に息が入り、大逃げが決まってしまう例はなくはない。いわゆる、一発屋だ。一発屋と本当に強い馬との差は、常に安定した結果が残せるか否かにある。

そして〝彼〟と武は、やがてバレンタインステークスでの快勝がけっしてまぐれではないことを証明して見せることになる。

戦慄

カリスマが本来の能力を発揮する時、人々は戦慄《せんりつ》を経験する。

それは、神の奇蹟《きせき》を目の当たりにした瞬間の驚愕《きょうがく》に匹敵する。だが、やがて戦慄は、人々の胸を打つ感動となって開花する。

三月一五日、中山記念（GⅡ・芝一八〇〇メートル）――。

伝説の序章は、静かに第二幕を迎えた。

おそらく武は、このレースでも新たな方法を〝彼〟に試そうとしていたのではないかと思う。スタート直後、いつものように難なくハナに立った〝彼〟を、武が意図的に抑えたかのように見えた。

もちろん、二番手や三番手に控えることを目的としたものではなかった。単に、逃げるペース配分を考えた抑え方だった。かつて、上村や河内が幾度となく試みて、いつも失敗に終わった方法でもある。だが、将来的にＧⅠ戦線を視野に入れるためには、同じ逃げるにしてもペース配分は不可欠だ。

〝彼〟は、距離適性の幅が狭い。自分のペースで戦い、勝てる可能性がある日本のＧⅠは、二〇〇〇メートルの秋の天皇賞しか存在しない。それ以上になると、最短の宝塚記念でも二二〇〇メートルになる。もし〝彼〟がペース配分を身につければ、他のＧⅠに対しても可能性を広げることができる。

ペースを落とすことには成功したが、〝彼〟はやはり引っ掛かった。このままでは、逆にスタミナを使い果たしてしまう。

武の対応は早かった。このままではだめだと判断すると、手綱を引く手を緩めた。急激に、ペースが上がる。一時は二番手を三〇メートル以上も突き放す大逃げとなった。

四コーナーを回ったところで、さすがに脚は残っていなかった。だが、それでも〝彼〟は、二着の強豪ローゼンカバリーを二馬身近く引き離したまま、あっさりと重賞初勝利を成し遂げてしまった。

香港国際カップに始まる三戦で、武はことごとく異なる騎乗を〝彼〟に試してきた。最初は好きなように走らせて、能力の高さを見極めた。二戦目は道中で息を入れることによって、勝つ競馬を教え込んだ。三戦目は抑えてペース配分を試み、結果的に成功したとはいえなかったものの、〝彼〟の気性に関して新たな認識を得ることができた。

おそらくこの三戦で、武は〝彼〟の本質をほぼ把握したのではないか。そして、そのすべてを結実させたのが、次走の四月一八日、小倉大賞典（GⅢ・芝一八〇〇メートル）だった。

普通、一八〇〇から二〇〇〇メートルの中距離レースでは、馬群の先頭が最初の一〇〇〇メートルを一分〇一秒前後で通過する。それが現在の日本の競馬の平均的なペースだ。これより一秒以上掛かればスローペース、逆に一分を切るようだとハイペースということになる。

ところがこの日、〝彼〟は前半の一〇〇〇メートルをなんと五七秒七で逃げている。もちろん、これは〝異常なハイペース〟といえるだろう。

武は平然と〝彼〟の好きなように走らせている。逆に、他の騎手は焦りはじめた。

相手が他の馬ならば勝手に逃げ潰れてくれるのを待てばいいが、このペースを作っているのは、あのサイレンススズカと武豊なのだ。放《ほう》っておけば、逃げ切られてしまう。だが、後続がいくら追っても、その差はさらに開いていく。

〝彼〟が速すぎるのか。それとも、他が遅いのか――。

馬群の中に、まったく別の生き物が一頭だけ混ざっているような錯覚さえあった。観客席の歓声はやがてどよめきに変わり、目を疑うような光景に一瞬、静まりかえる場面さえあった。

気分よく先頭を快走する〝彼〟は、道中で一度、息を入れた。武はまったく追わない。ただひたすらに人馬一体となり、〝彼〟につかまっているだけだ。それでも〝彼〟は、最終コーナーを回ると、脚が止まるどころか、さらにペースを上げていく。

こうなると、もはやレースではない。サイレンススズカという馬ただ一頭のパフォーマンスのためにショーアップされた舞台のようなものだ。そして、そのまま一分四六秒五のコースレコードで、〝彼〟は悠然とゴールラインを駆け抜けて見せた。

続く五月三〇日の金鯱賞《きんこ》（GⅡ・芝二〇〇〇メートル）では、さらに度肝を抜くような派手なパフォーマンスを見せつける。

実はこのレースに関して、陣営はわずかながらの不安を持っていた。これまで〝彼〟が実績を残してきた一八〇〇メートルに対し、距離が一ハロン伸びて二〇〇〇メートルになることもひとつだった。もちろん、これは〝彼〟の距離適性の範疇《はんちゅう》ではあるが、特にスタミナを消耗する逃げ馬にとって、一ハロンの距離延長は大きな負担となる。

ここ数戦、一八〇〇メートルの競馬に慣《な》れてしまった〝彼〟が二〇〇〇メートルに対応できるのかどうか、疑問視する声もあった。だが、この春の最大の目標を二二〇〇メートルの宝塚記念に置く〝彼〟にとって、二〇〇〇メートルはどうしても克服しておかなくてはならない壁でもあった。

もうひとつの不安は、メンバーの厚さである。

前年の菊花賞馬であり、〝彼〟を神戸新聞杯で差し切ったマチカネフクキタルをはじめ、ここまで六連勝と連勝街道を突き進むミッドナイトベット、名手岡部幸雄《おかべゆきお》を惚《ほ》れ込ませた逸材タイキエルドラドなど、GI級が顔を揃えていた。いくら〝彼〟が類《たぐ》い稀《まれ》な逃げ馬であったとしても、そう簡単には逃げ切らせてはもらえない強者ばかりである。

だが、その中で〝彼〟は出走全九頭中、単勝二・〇倍という圧倒的な一番人気に推された。そして〝彼〟は天才ならではの、あまりに並外れた方法で、その期待に応《こた》えて見せた。

この日の逃げ方は、どこかいつもと違っていた。

引っ掛かることもなく、悠然と、レースであることさえ意識していないかのような走り方だった。明らかに、全力疾走ではない。これは二〇〇〇メートルという距離を考慮して、鞍上の武が抑えたのではなく、〝彼〟の意志によるものであることは明らかだった。

それでいて、ペースは例のごとく、とてつもなく速い。必死に〝彼〟を追おうとする後続が、しかも日本の競馬界を代表する強豪馬たちがまったくついていけないのだ。足が空回りしているようにもがきながら、後続が見る間に離されていく……。

その光景は、圧巻だった。この世に存在し得ない光景を目撃したときに共通する驚愕を、見る者すべてに与えた。まして同じターフで追走する当事者たちは、人も馬も含めて、なおさら畏怖《いふ》を感じたことだろう。

彼らには、すでに向こう正面あたりで、わかっていたはずだ。はるか前方を軽やかに疾駆する怪物には、奇蹟でも起きない限り、追いつけないことを。

〝彼〟は軽やかに、自らの力を誇るように走り続ける。四コーナーを回っても、まったくそのスピードは落ちない。後続は無駄と知りつつも追い上げにかかるが、その差は〝何馬身〟という単位では計れないほど大きくなっていく。

〝彼〟の耳にも、鞍上の武の耳にも、他馬の足音さえ聞こえなかったろう。完全に、自分たちだけの世界だ。

直線の半ばをすぎたあたりから、天才は最後の仕上げに取りかかる。なんと、鞍上の武がまったく追わないにもかかわらず、自らの意志でさらに加速をはじめたのだ。

〝彼〟は完璧《かんぺき》なパフォーマンスで、奇蹟を演じ切った。しかも、自らの能力の限界すらも見せることなく――。

電光掲示板には、走破タイムの一分五七秒八という数字が点灯する。またしても、コースレコードだった。

だがそれは、驚くにはあたらない。あの走り方からすれば、むしろ当然の結果だった。

それよりも、この馬がもし自らの能力を一〇〇パーセント出し切ってターフを駆けるとき、いったい二〇〇〇メートルを何分何秒で走り切るのか。その未知の可能性を想像したときのほうが、身の毛がよだつ思いがした。

おそらく、日本の競馬史をくまなく振り返ってみても、これほど完璧かつ大胆な圧勝劇は他に類を見ない。

もちろん、プリテイキャストの天皇賞やツインターボの七夕賞のように、大逃げが決まった例はけっして少なくはない。もしくは新馬戦や下級条件戦ならば、一〇馬身以上の大差勝ちも十分に起こり得る。だが、そこには他の騎手の油断や、メンバーの実力差など、何かしらの二次的な要因が介在してきた。

〝彼〟が勝った金鯱賞は、それらの偶発的な前例とはまったく異質だった。GⅡという重賞にふさわしく、厚いメンバーが揃っていた。

しかも、他のすべての騎手が、〝彼〟が二〇〇〇メートルを逃げ切る実力馬であることを知り、なおかつそれを阻止すべくマークしていた。にもかかわらず〝彼〟は、純粋に実力だけで、他に有無をいわせることなく、あれだけ大胆な圧勝劇を完遂したのである。

脱皮

五歳春の〝彼〟の成長力には、常識を超越したものがある。それは一頭の馬というよりも、むしろ昆虫の蝶《ちょう》の脱皮を思わせる劇的な変化だった。四歳時は、まだ飛ぶことのできない幼虫だった。冬は蛹《さなぎ》として眠り、力をたくわえた。そして、五歳の春とともに蝶に羽化し、大空へと羽ばたきはじめた。

〝彼〟の成長は、その馬体を見るだけでも歴然としていた。体重が増えただけでなく、肩が広くなり、胸が厚くなった。しなやかなだけだった筋肉も、鋼《はがね》のように強靱《きょうじん》になった。それらはすなわち、スピードと持久力が飛躍的に向上したことを意味している。

もちろん、身体的な成長だけではない。むしろ、精神的な成長のほうがはるかに大きかった。それまでは闘争本能だけに頼り、がむしゃらに走っていた〝彼〟は、武豊と出会うことによりレースの何たるかを知り、勝つことを覚え、自分がほかの馬とはまったく次元の違う能力を持っていることを理解した。

もし武との出会いがなかったとしたら……。ただスピードが並外れた、気性の悪い、ありきたりの逃げ馬で終わっていたかもしれない。

だが、いつまでたっても武がいなくては走れないのでは、本当の意味での一流馬とはいえない。すでに〝彼〟は、自分の意志のペースを作り、レースに勝つ術を身につけている。武がいなくても、その能力を発揮できることを示すことにより初めて、最強の逃げ馬であることを証明することになる。

奇蹟

その機会は、意外に早く訪れた。

七月一二日、第三九回宝塚記念（GⅠ・阪神・芝二二〇〇メートル）――。

〝彼〟にとって五歳春の最終目標ともなるこのレースを前に、盟友の武豊は苦渋の選択を迫られることになった。

宝塚記念には、当時〝最強牝馬〟としてGⅠ戦線に君臨したエアグルーヴが出走する。武が〝彼〟と知り合う以前からコンビを組む愛馬である。果たして武は、サイレンススズカを取るのか、それともエアグルーヴを取るのか――。

もし武が宝塚記念の勝ちにこだわるのならば、迷わずサイレンススズカに騎乗したことだろう。それほど当時の〝彼〟の能力は、GI戦線の中にあっても際立っていた。だが、武はエアグルーヴに対して苦楽をともにしてきた愛着があり、その陣営に対しても長らく乗らせてもらってきたという義理があった。

結局、武は実より義理を重んじ、エアグルーヴを選ぶことになる。いかにも武らしい決着のつけ方だった。そして、この選択はすなわち「もう自分がいなくても走れるはずだ」という、武の〝彼〟に対する最後の課題でもあった。

臨時の鞍上は、武、河内と並ぶ当時の関西の三大騎手のひとり、南井克巳《みないかつみ》に決まった。

南井が初めて〝彼〟に乗ったのは、本戦の最終追い切りだった。このとき、南井は軽く流し、最後の仕上げを行なった。

だが、追い切りの後で南井は、その驚きを思わず口にする。「この馬の能力は、ナリタブライアンにも匹敵する」と――。

宝塚記念の焦点は、サイレンススズカの逃げが二二〇〇メートルという距離と騎手の乗り替わりという不安材料の中で、当時の日本の第一線級の馬に果たして通用するのかというところにあった。

メンバーは申し分ない。武豊のエアグルーヴをはじめ、この年の春の天皇賞馬メジロブライト、前年の有馬記念を四歳で制したシルクジャスティス、さらにメジロドーベル、ステイゴールドと、さすがにグランプリならではの豪華な顔ぶれになった。

南井は自分の意志をまったく介入させることなく、すべてを〝彼〟の意志にゆだね、浮き上がるようにゲートを出た。そのまま抑えるでもなく、気合を入れるでもなく、ごく自然にハナに立ち、レースをリードしていく。

実は、武は宝塚記念の直前に、南井に対し「サイレンススズカの乗り方」について、完璧なまでにレクチャーしていた。自分が同じレースで、他の馬に乗るにもかかわらず、である。

このあたりも、いかにもフェアプレーを重んじる武らしいところだ。それとも武は、どうせ〝彼〟と戦うのならば、完璧な状態で負かしたかったのか。

ともかく、南井は武の言葉を信じ、寸分の狂いもなくそれを実行した。ペースは〝彼〟に作らせる。大外枠から一気に主導権を握った最初の一ハロンこそ一二秒台を切らなかったが、その後はハロン一一秒前後の常識を外れたラップを刻んでいく。

本当の意味で〝彼〟の凄いところは、その影響力によって、他の一流馬や騎手を幻惑させるところにある。ペースをかき乱し、スタミナを消耗させ、いつものレースをできなくしてしまう。

この傾向は、強い馬ほど、あわよくば「サイレンススズカを負かそう」と考えている騎手にほど強く現れる。この日も後方一気を得意とするメジロブライトやシルクジャスティスといった強豪が、前半の〝彼〟のペースに惑わされ、なしくずし的に脚を使い果たしていった。

　メジロドーベルは、さらに悲惨だった。あわよくば逃げたいタイプのこの馬は、自分の感覚をはるかに超越した馬に前を走られ、完全に引っ掛かった。前半の時点でメジロドーベルがこのレースに惨敗することは、もはや誰の目にも明白だった。

　それでいて〝彼〟にしてみれば、このレースはまったく普通のペースなのだ。ただ気分よく走っているだけで、おそらく他の馬のことなどまったく眼中にない。

〝彼〟の中には、天使と悪魔が同居している。天真爛漫《てんしんらんまん》に振る舞いながら、他の馬を地獄に引きずり込む魔性を持っている。

　レースは向こう正面で二番手を追うメジロドーベルまで、すでに一〇馬身近く引き離す大逃げになった。

　ところが〝彼〟は、三コーナーに差しかかったあたりで、一度息を入れてラップを一二秒前後まで落とした。他の馬や騎手から見れば、これが千載一遇の好機に思えたとしても不思議はない。後続の馬群のペースが一気に上がりはじめる。追いつけるのかもしれない。見る間に差が詰まっていく。

　だが、直線に入ると、〝彼〟はまたしても後続を突き放しにかかる。あざ笑うかのように。

　逆に、三コーナーの追い上げで脚を使い切ったメジロブライト、シルクジャスティス、メジロドーベルの三頭は、馬群に沈んでいった。彼らのレースは、ここで終わった。

その中に、〝彼〟のペースに惑わされなかった騎手が二人いた。ひとりは〝彼〟のすべてを知りつくしているエアグルーヴの武豊。もうひとりは常に戦局を冷静に見つめ、脚を温存することに努めたステイゴールドの熊沢重文《くまざわしげふみ》である。

サイレンススズカは、二二〇〇メートルのレースに慣れていない。いくら怪物でも、最後の一ハロンは脚が止まる。二人は、そこに賭けた。

武のエアグルーヴは大外から、熊沢のステイゴールドは中央を割って〝彼〟に襲いかかった。

だが、〝彼〟は止まらない。完全に限界を超えているはずなのに、ペースは落ちなかった。

もし〝彼〟がこのレースの中で精神力というものを使ったとしたら、おそらくそれは最後の一ハロンだけだったのではないか。そしてその精神力は、すべてに優《まさ》った。ステイゴールドは四分の三馬身、エアグルーヴはさらに首差届かずにゴールを迎えた。

晴れて〝彼〟は、GIウイナーとなった。だが、そのような称号など、天才たる者にとって何の意味があるのだろうか。

なぜなら〝彼〟が成し得たことは、GIなどという安易な基準では計り得ないことなのだ。いかなる馬も、〝彼〟に肩を並べる術は持たない。〝彼〟は、他の馬とは異次元の世界を走りはじめたのである。

芸術

私は、あえて問いたい。

こと二〇〇〇メートル級のレースに関する限り、〝彼〟こそは日本の競馬史上、〝最強馬〟ではなかったか、と——。

それはあのナリタブライアンや、シンボリルドルフや、テイエムオペラオー、さらにディープインパクトと比べても、という意味でもある。

もし時間をコントロールすることができたとして、それらの馬を全盛期のコンディションで一堂に会し、二〇〇〇メートルのレースを行なったとしたら……。

おそらく、いや間違いなく、勝つのはサイレンススズカだ。しかも、圧勝するだろう。

なぜか。

理由は、〝彼〟が逃げ馬であるからだ。

近年の日本の競馬のレースには、一定のパターンがある。前半から中盤にかけてスローペースで流れ、四コーナーの出口で一線に並び、最後の直線の差し脚だけでレースが決する。特に、中長距離のレースほど、その傾向が強くなる。

この流れの中でもっとも有利なのが、前半で脚をためて楽な位置取りから追い出すことができる、好位もしくは中団からの差し馬である。実際に、過去から現在に至るまで時代の最強馬と呼ばれた馬のほとんどが、この決め手を得意としてきた。

だが、もっとも確実性が高いとされるこの脚質にも「自分でレースを作れない」という大きな欠点がある。もしレースが予想外の超スローペースや、逆にハイペースで流れた場合、スタミナの配分や追い出すタイミングが難しくなる。また、前の馬が壁になっただけで、末脚を生かせなくなることも少なくない。いずれにしても、確率は高いとはいえ、運に左右される作戦であることに変わりはない。

その点、逃げ馬は自分でペースを決められる。前に壁ができることもない。実力次第で、自由自在に自分のレースを作ることが可能なのである。

そうだ。実力さえあれば、だ。

中途半端な逃げ馬は、レースのペースメーカーにすぎない。ハイペースで逃げれば逃げ潰れ、超スローで逃げれば他の馬に先に行かれ、適度なペースで逃げれば結果的に差し馬の標的にされてしまう。逃げ馬は単なる一発屋といわれる理由も、そこにある。

だが、サイレンススズカだけは別だ。〝彼〟には並外れたスピードと、そのまま二〇〇〇メートルを逃げ切るだけのスタミナがある。

普通、GⅠ級の超一流馬がハロン（二〇〇メートル）一二秒、三ハロン三六秒を切って走るのは、ゴール前の直線だけだ。ところが〝彼〟は、スタートからゴールまですべてをハロン一二秒を切って走る脚力と心肺能力を持っている。

これでは、まったく勝負にならない。無理に追えば、追った馬が潰される。宝塚記念のメジロブライトやシルクジャスティスは、その好例だった。

もし〝彼〟に負ける要素があるとすれば、他の逃げ馬に先に行かれることだろうか。単なるペースメーカーと割り切ってGⅠ級のスプリンターを出走させ、前半だけ〝彼〟に競りかけさせる。だが、これはあまり現実味のある方法ではない。

それに、もしGⅠ馬を一頭潰す覚悟でやってみたとしても、果たしてうまくいくかどうかも疑問だ。

確かに〝彼〟は、四歳時にはキョウエイマーチに競られて引っ掛かったこともあった。だが、五歳の春から秋にかけて、能力的にも精神面においても一年前とは比べものにならないほど成長を遂げていた。単なるスピード馬に競りかけられたくらいで、自分のペースを崩すとは考えにくい。

レースのスタートからゴールまで、一頭たりとも前を走らせないのだから、何らかの事故を想定する以外には負ける要素は存在しない。すべての事例が、〝彼〟こそは史上最強馬であることを指針している。

一〇月一一日、毎日王冠（GⅡ・芝一八〇〇メートル）――。

五歳秋緒戦のこのレースで、〝彼〟は自分こそが究極の史上最強馬であることを証明してみせた。

鞍上には盟友の武豊が戻ってきた。距離は〝彼〟のベストの一八〇〇メートルである。全九頭中、最大斤量の五九キロを背負わされ、エルコンドルパサー、グラスワンダーという外国産馬の怪物二頭の存在を考慮してもなお、〝彼〟には不安材料は見出せなかった。

もし一連のレースが〝彼〟の作品であるとするならば、毎日王冠の逃走劇こそは完全無欠の芸術だった。最初の三ハロンを三四秒六と、一線級のスプリンターも遠く及ばないスピードで逃げ、他を一気に突き離す。前半の一〇〇〇メートルを五七秒七は、それまでのサラブレッドに対する概念を微塵《みじん》に粉砕するハイペースである。中間で一度息を入れるが、どの三ハロンをとっても三六秒を超えていない。

かつて、ミホノブルボンを育てた戸山為夫《とやまためお》調教師が「ハロン一二秒を切るラップを刻んで逃げれば、どんなレースでも勝てる」と公言したことがあった。だが〝彼〟は、天才といわれた戸山調教師の想像力さえ超越してしまった。もし陸上競技の一〇〇メートルの優勝タイムでラップを刻み、四〇〇メートルを走り切ったらどうなるのか。〝彼〟がやったことは、まさにそれだった。

圧巻はラストの三ハロンだった。三五秒一という差し馬並みの末脚で、それまで不敗神話を築き上げてきたエルコンドルパサー、グラスワンダー以下を完全に封じた。しかも、息すら乱すこともなく。あまりにも平然と。

このレースを見たとき、私は感動や驚き以前に、不安にも似た恐ろしさがこみ上げてきたことを憶《おぼ》えている。

サイレンススズカという馬は、神の領域に近づきつつあるのではないか——。

レース後、〝彼〟は一八〇〇メートルをあれほどのペースで走り切ったことが嘘《うそ》のように軽やかに、満員の観客席の前でウイニングランを演じた。

一点の陰りもない栗毛《くりげ》の馬体は、秋の陽光を受けて燃えるような輝きを放ち、その姿を熱狂に沸き上がる歓声が包み込んだ。

だが、〝彼〟の栄光の姿がこれが最後になることを、誰が予測し得ただろうか。

夢の終焉

すべてのカリスマは、神秘的なまでに美しい。

人々はその美しさに魅《み》せられ、崇拝し、神の資質において奇蹟が行なわれることを願う。

だが、永遠の命などは存在しない。カリスマは一瞬のうちに輝き、燃えつきる。

〝彼〟はすでに、すべての奇蹟を行なった。もはや、その行く手に立ちふさがる敵は存在しない。もし〝彼〟に戦うべき相手が存在するとすれば、それは自分自身の可能性だけしか残されていなかった。

九八年一一月一日、第一一八回天皇賞・秋（GⅠ・東京・芝二〇〇〇メートル）――。

不思議なレースだった。

どの馬が勝つかではなく、サイレンススズカという馬がどのような勝ち方をするか。

人々の興味はその一点に注がれた。

自分との戦いは、すなわち、時間との戦いである。この時点で二〇〇〇メートルにおける日本のレコードは、一分五七秒五。ワールドレコードは一九七七年と九一年に、アメリカのサンタアニタ競馬場でダブルディスカウントとビークエストという二頭の馬によって記録された、一分五七秒四。普通の馬にとっては、いずれも雲の上の数字だ。

だが〝彼〟は、すでに金鯱賞で中京競馬場のコースレコードとなる一分五七秒八を記録していた。それを二〇〇〇メートルで〇・三秒縮めることは、けっして不可能ではない。いや、むしろ彼の成長力を考えれば、条件さえ整えばワールドレコードが出る公算は強かった。

果たして〝彼〟は、魔物が住むといわれる府中の二〇〇〇メートルを何分何秒で走り切るのか。

もしハロン一一秒七のラップを刻んで走り切れば、一分五七秒フラット。一一秒六のラップならば一分五六秒フラットという、とてつもない数字を叩き出すことになる。

この日も鞍上を務める武豊は、レース前のインタビューでこういい切った。

「オーバーペースで行きますよ」

このひと言が、武もまた記録を意識していたことを物語っている。

人々は、夢を見た。その夢を、一頭の馬に託したのだ。

だが、〝彼〟には理解できない。時間の概念も存在しない。自分が奇蹟の馬であることも知らなかった。

〝彼〟にできることは、ただ自分の意志で走ることだけだ。

〝彼〟は、たった一頭でターフを疾駆する。暖かな秋の陽光を浴び、体を吹き抜ける冷たい風の感触を楽しみながら……。

〝彼〟は、鍛え上げられた鋼の筋肉を躍動させる。自らの強さを示し、その美しさを誇るように。

〝彼〟は、自由だった。ただ奔放に、その世界に何者をも介在させることを拒みながら、天使のように振る舞う。

最初の一〇〇〇メートルを五七秒四で通過した。このままのラップを刻み続ければ、二〇〇〇メートルを一分五四秒八で走り切ることになる。

観客席から、地を揺るがすようなどよめきが上がる。

だが、その声も〝彼〟には届かなかった。

後半に入っても、スピードは衰えなかった。まるでそれが自らに課せられた運命であるかのように、さらに加速していく。

〝彼〟は、本能という名の遠い記憶を追い続けた。

〝彼〟の祖先がまだ野生馬だった頃の、視界に広がる輝く地平線を。丘の上にそびえる一本の大木を。大地を駆け抜ける仲間たちの力強い蹄《ひづめ》の音を聞いた。

すべては幻であることを知らずに。

そして一瞬――。

〝彼〟は、光となった。

【追記】二〇二二年三月現在、日本の中央競馬の二〇〇〇メートルのレコードは二〇一七年七月一五日にストロングタイタンが中京競馬場のマレーシアカップで記録した一分五八秒三である。もしサイレンススズカが最後の天皇賞を一分五七秒台で走り切っていたとしたら、その記録はいまも破られていないことになる。

狂おしき逃走の美学

ツインターボ

Twin Turbo

将来の夢を託して

平成八年六月――。

空は梅雨《つゆ》の重い雨をたたえる厚い雲に被《おお》われていた。

山形県上山《かみのやま》競馬場は、東に蔵王《ざおう》、西に朝日岳を望む山間の小さな地方競馬場である。その裏手には、この競馬場のささやかなレースを支えるための厩舎《きゆうしや》が軒を連ねている。

数少ない馬房の中で、秋葉厩舎はすぐに見つかった。質素な馬房に足を運び入れると、からみつくような湿気と共に競馬場の気配がつんと鼻をついた。薄暗い空間に目をこらす、左手の奥に、懐かしい〝彼〟の顔がのぞいていた。

ツインターボ、牡《おす》、九歳（旧齢）――。

かつては中央のGⅢを制し、数々の名馬と共に天皇賞の楯《たて》を争った時代の強豪だった。圧倒的な強さで大逃げを打つその雄姿で、人々を感動させた英雄であった。勝ち負けの数字以上に、華のある馬でもあった。

そのツインターボが、この山間の地方競馬場で暗然とした余生を送っている。

気性の激しい馬として知られているが、普段はおとなしい。頰《ほお》をなでると、最初はかすかに警戒の色を示したが、すぐに鼻先を小さく上下に動かして喜びの情を現わした。一点の曇《くも》りもない美しい目をしている。その漆黒《しっこく》の光の中に、何かを訴えようとするかのような不安と弱さを感じた。

体重四二〇キロ前後の、サラブレッドとしてはきわめて小柄な馬である。いまも体重は全盛期と変わらないという。

だが、久しぶりに会うツインターボは、以前よりひと回り小さくなったように見えた。年のせいもあるのだろうか、筋肉に張りがない。うっすらと肋骨も浮いている。以前のツインターボは、その馬格以上に体を大きく見せる馬だった。

昭和六三年四月一三日、ツインターボは静内《しずない》の福岡敏宏《ふくおかとしひろ》の牧場で生まれた。父はリファール系のライラリッジ。母はフランス産のサンシーを父に持つレーシングジイーン。父方に、ノーザンダンサーの血を持っている。

血統的にも一流だが、当歳時からバネの強さを秘めた仔馬《こうま》として将来を期待されていた。だが小柄である上に、食が細かった。この特質が後に様々な意味で、ツインターボの運命を左右することになる。

美浦《みほ》の調教師、笹倉武久《ささくらたけひさ》が初めてツインターボを見たのは、平成元年の夏のことであった。馬主の黒岩晴男《くろいしはるお》の依頼により、北海道の牧場まで出向いた。小柄なツインターボは、たった一頭だけ取り残されたように、牧場の片隅でポツンと草を食《は》んでいた。

笹倉はそのあまりの小ささに驚いたという。チビだった。しかも特別なチビである。この馬を競走馬にするのは「可哀相《かわいそう》だ」とも思った。

だが、一頭のサラブレッドを任されれば、それを競走馬に仕上げるのが調教師としての笹倉の仕事である。この小さな馬を競走馬にするには、まず何から始めるべきなのか。笹倉はそこから考えなくてはならなかった。

当時、ツインターボはまだ二歳であった。この時期のサラブレッドは成長期であると同時に、遊び盛りでもある。同年齢の馬と共に走り、転げ回り、時には噛《か》み合いをすることによって闘争心を培っていく。

闘争心は競走馬の命である。これが欠落していれば、他の能力がいくら高くともレースに競り勝つことはできない。

体の小さなツインターボを他の同年齢の馬といっしょにすることは、ある意味では冒険だった。肉体的、もしくは精神的に、他の馬に潰《つぶ》されてしまう可能性もある。

だが、競走馬として生きていくためには、一度は通らなくてはならない道である。もし潰されてしまうのなら、所詮《しょせん》はその程度の馬であった、ということになる。

笹倉は同年齢の馬の多い白井《しらい》牧場（ケンタッキー牧場）に、将来の夢を託してツインターボを預ける決心をした。

究極の選択

翌年の春、ツインターボは晴れて美浦へ入厩《にゅうきゅう》した。

笹倉の思惑《おもわく》が効を奏し、相変わらず体は小さいものの、以前よりも逞《たくま》しさを増していた。どこまで走るかは別として、少なくとも競走馬としてやっていけそうな雰囲気は感じさせた。

隔世遺伝のためか、祖父のリファールに似てバランスのよい体型をしている。入厩後の笹倉の第一印象は「おとなしいごく普通の馬」であった。

だが、数日もしないうちに、ツインターボに新たな問題が持ち上がった。いわゆる気性の悪さである。当時のことを笹倉は次のように述懐している。

「とにかく根性曲がりというか、わがままというか……。普段はおとなしいくせに、人間が乗ると目の色が変わるんだよ。動けといっても動かない。走り出したら止まらない。調教でもなんでも（馬が）好きなようにやらすしかなかった。あいつに乗った後は、手が震えてタバコが吸えなかった……」

調教を終えて厩舎に入るのに、最後の一〇メートルを三〇分もかかったことがあった。殴《なぐ》ってもなだめても、とにかくいうことを聞かない。嫌いなことは徹底的に嫌う。そのツインターボがもっとも嫌がったのが、ゲートだった。

競走馬が新馬戦でデビューするためには、ゲートによるスタートの試験が義務づけられていることは周知の通りである。

試験とはいっても、それほど難しいものではない。単にゲートにスムーズに入り、開くと同時に問題なく出られるかどうかの簡単なものだ。通常は早い馬なら一度か二度、遅い馬でも数回のうちには合格する。期間もそれほど長くかかるものではなく、春に入厩した新馬はこの試験を終え、その年の夏か秋には新馬戦にデビューする。

だがツインターボは、このゲートを徹底して嫌った。

嫌ったが最後、頑としていうことを聞かないのがこの馬の特質である。それまではなだめすかされて歩いていても、ゲートが目に入ると止まってしまう。無理矢理押し込めても、今度はゲートが開いても出ない。

馬は普通、狭い場所にいることを嫌う。入ることを拒《こば》んでも、逆に出ることを拒む馬は少ない。この面でも、ツインターボは普通の馬とは明らかに違っていた。

結局ゲート試験に受かるまでに、四カ月もの時を要した。ツインターボのデビューが四歳の春と遅かったのは、そもそもこのゲート試験が原因であった。

だが、こうしたデビューの遅れは、すべて悪いことに結びつくとも限らない。笹倉は次のようにいっている。

「これは結果論かもしれないけれど、あれでよかったんだと思う。小さな馬だけに、もし早い時期にデビューしていたら、体ができていなかった。無理をして、潰れていたかもしれない」

ゲート試験に遅れたことによって、ツインターボは一生に一度のチャンスである四歳のクラシックを棒に振った。だが、その気性の悪さゆえに、自らの競馬生命を延ばしたことも確かだろう。

平成三年三月二日――。

そのツインターボにもついにデビューの時がめぐってきた。笹倉調教師が選んだのは、中山の新馬戦（ダート一八〇〇メートル）だった。

新馬戦は普通、五ハロンから八ハロンの短い距離で争われるものが多い。九ハロンという距離は、新馬戦としては長い部類に入る。笹倉があえてこのレースをツインターボに選んだのは、それなりの理由があった。

ゲート試験にパスしたとはいえ、ツインターボはけっしてスタートのうまい馬ではなかった。どうしても一度立ち上がり、出遅れるクセが残っていた。前半からハイペースで展開する短距離戦では、この出遅れが致命傷となる。

ましてツインターボは、気分だけで走る馬だ。ハナに立てなければ、勝負にはならないと笹倉は読んでいた。

距離適性の問題ではなかった。いわば好むと好まざるとにかかわらずの、究極の選択であった。

騎手は石塚信広《いしづかのぶひろ》に決まった。笹倉はレースの前に、騎手に綿密に作戦を指示することを常としている。だがこの時は、ほとんど作戦らしいものなど思い浮かばなかった。

「好きなように走らせろ。ハナに立て、あとは舵《かじ》を取るだけでいい」

笹倉が石塚にいったのはそれだけだった。

抑えようと思えば逆に掛かってしまう。行けといえば脚が止まる。少しでも気分を害すれば走らない。速い馬ではあるが、人間の思う通りにはならない。ツインターボはそんな馬だった。

だが、笹倉が案じていたのは、レースの勝ち負けではなかった。ゲートが開いても、ツインターボは出ないのではないか。

信じられないことだが、笹倉はそれを心配していたのである。この新馬戦に限ったことでなく、以後ツインターボがレースに出る度に、笹倉は同じことを考えていたという。

レースは全一二頭。ツインターボは八枠一一番に入り、三番人気に推されていた。出遅れたものの、スタートはまずまずだった。ここで笹倉は、まず胸をなでおろした。思った通りツインターボは勝手にハナに立ち、好きなペースで走った。後続との差が開いていく。途中で並ばれそうになると、二の脚を使って引き離す。結局そのまま四コーナーを回り、ゴールした時には二着に三馬身の差をつけて勝っていた。圧勝であった。

気性は悪いが、力はある。馬場では小柄な体を一回りも二回りも大きく見せる。それがツインターボの実力だった。

順調なスタートを切ったツインターボは、その後も確実に実績を重ねていく。中三週で迎えた二戦目、もくれん賞（東京・芝二〇〇〇メートル）も同じく鞍上《あんじょう》石塚で逃げ切り。九百万円へと昇級した。

ダービー出走権獲得最後のチャンスを懸《か》けた青葉賞（東京・芝二四〇〇メートル）は騎手が大崎昭一《おおさきしょういち》に乗り替わり、さすがに逃げバテて九着と大敗したが、見せ場は作っていた。

敗因も一コーナーまでにハナに立てず、折り合いを欠いたこととはっきりしている。負けてなお意義のあるレースではあった。

こうした中で、笹倉は主戦騎手の選択に頭を悩ませていた。

ツインターボが将来、重賞を狙《ねら》える実力を持っていることは確かだったが、反面、性格にムラがある。けっして扱いやすい馬ではない。単に騎手としての技量だけではなく、向き不向きという面を考慮して人選しなくてはならない。

そこで白羽の矢を立てたのが、ベテラン騎手の柴田《しばた》政人《まさと》であった。

その柴田も四戦目の駒草《こまくさ》賞（東京・芝二〇〇〇メートル）に騎乗したが、五着と敗れた。また、柴田自身が他の馬への騎乗で多忙だったため、結局、主戦騎手として定着することはできなかった。

そうした笹倉の心配をよそに、ツインターボはどえらいことをやってくれた。六月三〇日、重賞初挑戦となるラジオたんぱ賞（GⅢ・福島・芝一八〇〇メートル）である。騎手は再度、大崎に乗り替わっていた。

この日のツインターボの馬体重は四二六キロ。それまでの二戦を四一〇キロ前後で戦ってきたことを考えると、太目の感じはあった。

だがツインターボは、元来が飼葉食いのあまりよくない馬である。前走から比べてプラス一六キロという数字は、むしろ体調の良化を示す好材料だったのかもしれない。

ツインターボはいつものように気分よく逃げた。小柄であることが、小回り平坦《へいたん》の福島のコースにも向いていたのだろう。気がつくとツインターボは、一馬身の差を残して重賞のゴールを駆け抜けていた。

笹倉は昭和二〇年生まれである。この年、四六歳。美浦で厩舎を開業して六年になっていた。調教師が重賞馬を育てることは、確率からいっても騎手が勝つよりもはるかに難しい。笹倉にとっても、このラジオたんぱ賞が記念すべき重賞初制覇となった。

ここまでのツインターボの成績は、デビュー以来、五戦三勝。勝率六割ということになる。この数字もまた、重賞に勝つ以上に価値のあるものだった。

これを機にツインターボは、三カ月の短期休養に入った。本来ならば出遅れたぶん、夏場も走らせて取り戻したいところではあるが、体が小さいだけに無理はさせたくない。大切に使ってやりたいという笹倉の温情である。

復帰後は、九月二二日のセントライト記念（GⅡ・中山・芝二二〇〇メートル）に二着。続く一一月一七日の福島記念（GⅢ・芝二〇〇〇メートル）に二着と好調を持続していた。勝てないまでも、二の脚を使って逃げ粘《ねば》る。単なる逃げ馬にありがちな〝テレビ馬〟ではないことを証明すると同時に、押しも押されもしないオープン馬としての地位を確立していった。

だがツインターボは、初のGⅠ挑戦となった一二月二二日の有馬《ありま》記念（中山・芝二五〇〇メートル）にダイユウサクの一四着と惨敗。以後、体調を崩し、一〇カ月半もの長期休養を余儀なくされた。その結果、競走馬としてもっとも充実すべき五歳時のほとんどを、ツインターボは棒に振ることになった。

大逃げ

小柄な鹿毛《かげ》の逃げ馬がターフに戻ってきたのは、平成四年の秋も深まる一一月八日、福島民友C（OP・芝一八〇〇メートル）だった。

ファンはその雄姿を忘れてはいなかった。病み上がりのツインターボを、初の一番人気という栄誉で温かく迎えてくれた。

だがツインターボは、どこかが変わってしまっていた。馬体重はこれまでで最低の四〇六キロ。その馬体の淋《さび》しさ以上に、何らかの精神的な欠落をも感じさせた。

鞍上はその日初めて柴田善臣《よしとみ》が務めた。いつものように序盤から逃げたが、三コーナーを過ぎたあたりで早くもつかまった。

その後がいけない。独特の粘りを見せなかった。まるで自分からレースを諦《あきら》めたように、最後方まで下がっていく。

スタミナだけでなく、闘争心が感じられない。結果は最下位の一〇着と惨敗した。

その後、少しずつ体調は回復したが、以前のツインターボらしさは戻ってこなかった。

翌一月五日の金杯（GⅢ）は六着。中山記念（GⅡ）六着。新潟大賞典（GⅢ）八着。競《せ》り勝とうとする粘りがない。ツインターボの全盛期はすでに終わったのではないか。周囲からもそのような声が囁《ささや》かれ始めていた。

若手の実力派、中舘英二《なかだてえいじ》騎手にツインターボ騎乗の依頼があったのは、ちょうどこの頃《ころ》だった。

新馬戦当時から、中舘はこの馬に注目していた。派手な勝ち方をする強い馬、という印象があった。まして中舘は〝逃げ〟を得意としている。一度は乗ってみたいと思っていた馬でもあった。

だがそれまでは、笹倉厩舎はそれほど縁のある厩舎ではなかった。その笹倉調教師からの騎乗依頼は、中舘にしてみれば意外だった。

笹倉が中舘を指名したのには理由があった。中舘が〝逃げ〟に向いているのと同時に、ゲートのうまい騎手ということも知っていたからである。

ツインターボのスタートの悪さは、この頃にもまだ直っていなかった。気分よくスタートさせれば、闘争心も蘇《よみがえ》るのではないかと笹倉は考えた。当時、ちょうど中舘の手が空いていたこともあり、この話は何の障害もなくうまくまとまった。

初めて中舘がツインターボにまたがった時の印象は、やはり「馬格よりも大きく感じさせる馬」だった。

性格に問題がある馬であることは、以前から耳にはしていた。だが、実際に乗ってみると、ツインターボの荒さは中舘の想像をはるかに超えたものだった。

「七夕《たなばた》賞の追い切りで角馬場に入った時、急に走り出して止まらなくなった。こんなの調教できるのかと思ううちに、（五ハロン）六〇秒を切っていた。ラチに突っ込まれたり、他の馬にぶつかっていくなんて年中だったし。紙一重というか、何かが乗り移っているというか……。いい馬だけど、怖い馬だった……」

まともな調教ができない、という点については、何も中舘に限ったことではなかった。角馬場でキャンターをしているうちに、その気になると急に走り出す。そこであわてて時計を取る。それがツインターボの調教の常だった。

反面レースでは、むしろやりやすい馬でもある。事前に笹倉と中舘の間で綿密な打ち合わせは行なわれたが、基本的には「行くだけ行って負ける分にはかまわない。小細工はするな」というのが趣旨《しゅし》である。このような馬は、後悔だけはしないですむ。

平成五年七月一一日、福島の七夕賞（GⅢ・芝二〇〇〇メートル）――。

実は中舘は、このレースはあまり期待していなかった。だが、ツインターボは走った。全盛期の、あの跳ねるような走り方だった。逃げ、そして二の脚を使った。最後は四馬身差をつけると、あっさりと勝ってしまった。

「ぼくはただつかまっていただけ、馬が勝手に鮮やかに勝っちゃった……」

中舘にしても、嬉《うれ》しい誤算である。そして二カ月後、九月一九日のオールカマー（GⅢ・中山・芝二二〇〇メートル）で、ツインターボは生涯最高のレースを演出することになる。

メンバーが揃《そろ》っていた。菊花賞、天皇賞とGⅠに二勝（当時）したライスシャワーを筆頭に、安田、宝塚に連続二着した女傑イクノディクタス。さらに、かつてコンビを組んだ柴田政人は、GⅡのAJC杯に勝ったホワイトストーンと共に出走する。

戦いは、枠順が決定する前から始まっていた。ツインターボは前走の七夕賞を鮮やかに逃げ切っている。その勝ちっぷりが、今回のレースの展開に大きな意味を持っていた。

ツインターボは当然、逃げる。だが下手に追えば、追った方が潰される。

笹倉も当然、ツインターボの速さをさらに印象づけるコメントを流した。中館にしてみればいつものように行くだけだが、他の騎手にすればきわめて仕掛けどころの難しいレースとなった。

出走は全一三頭。ツインターボは七枠一一番から、いつになく好スタートを切った。一コーナーまでに難なくハナに立ち、その差を五馬身、七馬身と広げていく。

それを追ったのが、柴田のホワイトストーンだった。

だがツインターボは、向こう正面でさらに加速する。二番手ホワイトストーンまでの差は一〇馬身。集団まで計二〇馬身という大逃げになった。完全にツインターボのペースだ。三コーナーを過ぎても、スピードは衰《おとろ》えない。最終コーナーで他馬が追い込み始めても、まだ八馬身近い差を保っていた。

だがこの時、鞍上の中館は、それほど心に余裕は持っていなかった。

「もう来るだろう、もう来るだろうって、ハラハラドキドキだった。四コーナーを回っても後ろを見るのが怖かった。だけど、足音が聞こえてこないし……。そのうちゴールが見えてきた……」

ツインターボは強さを見せつけた。まったくの一人旅であった。結果は二着のハシルシヨウグンに五馬身の大差をつけての、七夕賞以上の鮮やかな完勝だった。

レース後、なんとか四着に残った柴田政人は、笹倉調教師に次のように語ったという。

「あれ以上深追いしていたら、ホワイトストーンが潰れていた……」

だが不思議なことに、ツインターボはそれほど速く走ったわけではない。レコードタイムと比較しても、七夕賞で〇・二秒、オールカマーは〇・五秒も遅かったのだ。まともに走っていれば、他馬の実力を考えても捕まえられないタイムではなかった。あまりの大逃げに、他の騎手がペースを狂わされていたのだ。

「乗り手としては凄《すご》い競馬したとか、気分がいいとも思わなかった。あとでパトロールフィルムを見て、何でこんなに（二着と）離れているんだろうって、信じられなかった」

この中舘の言葉が、すべてを物語っている。

だが、そのツインターボも、次の天皇賞で最下位に敗れてからはまったく勝てなくなる。大井の帝王賞を含めて、九戦して入着なし。うち最下位四回という悲惨なほどの結果しか残していない。

以前と同じだった。後方に迫られると、自分から走ることを放棄してしまう。

原因は体力的なものではなく、精神的な面にあることは明らかだった。その中で盟友中舘もまた、ツインターボから離れていった。

中舘はいう。

「小さな馬だから、レースが終わると力を使いはたして、いつもボロボロになっていた。それが可哀相でならなかった……。あのオールカマーで燃え尽きちゃったような気もする……」

これ以上、中央で走る力は残っていなかった。最終レースとなった新潟大賞典（GⅢ）に一一着と大敗した後、平成七年六月一日、ツインターボは山形県上山の地方競馬場へと移籍した。

なぜ走ることを放棄するのか

今週もまた、ツインターボは走っている。

いつものようにハナに立ち、三コーナーの前後で馬群につかまる。あとはずるずると後退し、歩くように最下位まで落ちる。

疎《まば》らな観客席から、どっと笑い声が上がる。

そう、笑い声だ。あのオールカマーの折、大逃げで大観衆にどよめきを絶《た》えさせなかったツインターボが、地方競馬場で笑われている。

平成八年六月現在、上山で一〇戦して一勝のみ。初戦こそ全盛期の片鱗《へんりん》を見せたものの、あとはすべて大敗している。しかも、そのほとんどが最下位である。時にはタイムオーバーになることもある。

「人気はあるんだけど、年なのかな。それともダートが合わないのか。それでもあの馬だけは、もう出るなとはいわれない……」

上山の秋葉清一調教師も、ツインターボの気性の悪さには手を焼いている。

なぜツインターボは逃げるのだろうか。そして、なぜ自分から勝つことを放棄してしまうのだろうか。なぜ人間を、強制されることを頑《かたく》なに拒み続けるのだろうか。いくら九歳になったとはいえ、ダートが苦手だとはいえ、あのツインターボが地方競馬で最下位に落ちるとはどうしても考えられない。

「速いし、気持ちいい馬だよ。だけど息を抜くと、自分から走るのをやめちゃうんだよな……」

上山の主戦騎手、海方栄二《かいかたえいじ》のこの言葉が気にかかる。

いつもそうだった。ツインターボが負ける時は、自分から走るのをやめる時だった。

サラブレッドとはいえ、馬は元来が野生動物である。競馬とは、その群れのボス争いの本能を利用したスポーツである。そして、その戦いに勝った強い牡だけが、子孫を残す権利を手中にする。

だが、そのボス争いに参加する権利を持たない馬がいる。群れの中の半分以上と同じ血脈を持つ馬だ。

このような馬がボス争いに勝てば、群れは血の飽和状態を迎えてやがて絶滅する。野生動物ならば、自分から戦うことを放棄する。

ツインターボは野性味の強い馬だった。だからこそ知っていたのではあるまいか。自分が全世界の半分以上のサラブレッドに蔓延《まんえん》するノーザンダンサーの血を持つことを。ボス争いに参加する権利のない馬であることを。

彼は勝つために逃げたのではなかった。あえて群れから遠ざかるために逃げ、そして走ることを放棄したのではあるまいか。

平成九年、ツインターボは一〇歳になる。平成八年は上山の最上級クラスであるA1で走っているが、このまま年内勝てなければD1級へと降級される。

それでもまだ、ツインターボは走り続ける。自らの血から逃げるために。

【追記】ツインターボは、平成八年八月一三日の第一回クラスターカップの後、登録抹消となった。その後、宮城県内の牧場にしばらく繋養《けいよう》され、種牡馬《しゆぼば》として数頭の産駒《さんく》を残すが、間もなく死亡している。

麒麟怒れる時

メジロパーマー

Mejiro Palmer

伝説の序章

馬群が最終コーナーに差し掛かる。

事実上、〝競馬が始まる〟のはここからだ。

近年の日本の競馬には、一定のパターンがある。逃げ馬、もしくは先行馬と呼ばれる馬がペースを作り、前半から終盤にかけて淡々とレースが流れていく。そして最終コーナーから最後の直線にかけての差し脚だけで、勝敗が決する。

それまでスタミナを使いはたしている逃げ馬は、無残に馬群の中に沈んでいくことを常とする。特にGIなどの大きなレースほど、その傾向が強い。

平成四年六月一四日、阪神競馬場で行なわれた第三三回宝塚記念（GI・芝二二〇〇メートル）も、大方の予想通りの展開でレースが進んでいた。当時、時代の最強馬の座を争っていたメジロマックイーン、トウカイテイオーの二頭は故障などの理由で出走を回避していた。その中で、圧倒的な本命に押し上げられていたのは、鞍上《あんじょう》南井《みない》克巳《かつみ》のカミノクレッセだった。

直線に向いたところで、先行馬の一頭のダイタクヘリオスが早くも脱落した。それを待っていたかのように本命のカミノクレッセ、さらにミスタースペインらの人気馬が上位に上がってくる。前を行く馬は、前半から大逃げで場内を沸かしているただ一頭の逃げ馬のみとなった。

間もなく、レースは終わる。

無謀な逃げ馬は直線半ばで潰《つぶ》れ、本命馬が差し切ってゴールを迎える。

だが、何かがいつもと違っていた。逃げ馬の脚色がいつまでたっても衰《おとろ》えを見せない。カミノクレッセが思ったほど伸びていないのか。それとも他に理由があるのか、その差は詰まるどころか、逆に少しずつ開いていくように見えた。

逃げ馬はまるで伝説の動物〝麒麟《きりん》〟のごとく首を高く掲げ、嘲笑《あざわら》うかのように後続を突き放す。馬の名はメジロパーマー。鞍上の山田泰誠《やまだたいせい》は、ついに他の馬の足音さえ聞かぬまま、二二〇〇メートルのグランプリを三馬身差で逃げ切ってしまった。

この時、メジロパーマーはすでに六歳（旧齢）になっていた。だが、メジロパーマーと騎手山田泰誠の伝説は、まだほんの序章にしかすぎなかったのである。

障害帰りのロートル馬

平成四年の四月のある日のこと、山田の元に奇妙ともいえる電話が掛かってきた。電話は、ある競馬専門紙の顔見知りの記者からであった。

「びっくりしましたね。今度の天皇賞（四月二六日）あいてるかって聞かれて。それなら、メジロパーマーに乗ってくれっていうんです。最初は冗談かと思った……」

厩舎《きゆうしや》で乗り役を探すのに手間どり、顔の広い専門紙の記者を介して、騎手に声が掛かることは珍しくない。山田が驚いた理由は他のところにあった。

昭和四六年生まれの山田は、この時まだ弱冠二一歳の若手騎手である。重賞勝ちは、この年エルカーサリバーで勝ったアーリントンカップの一勝のみ。GIにはやはり一度だけ、その年の桜花賞にエルカーサリバーで出走したが、五着に敗れている。しかもその時の騎乗が不評を買い、後に鞍上を降ろされるという苦い経験をしたばかりだった。

そんな自分に、GIの、しかも春の天皇賞という大舞台で騎乗依頼などがあるわけがない。

だが、メジロパーマーの所属する大久保厩舎にしてみれば、一流騎手にことごとく騎乗を断られた末の苦肉の策であった。さらに大久保調教師は、後にマスコミに対し「パーマーはなぜか山田泰誠と相性がいいような気がしていた」と語ったことがある。

この時点で、六歳になるメジロパーマーはまだGⅢに一度しか重賞勝ちがないロートル馬だった。山田もまた、思うように成績を残せず、若手として伸び悩んでいた。この両者の偶然の出会いは、一見して安易なだけの取り合わせのように思われたが、実は大久保の思惑《おもわく》通りとてつもない可能性を秘めていたことになる。

実際にメジロパーマーは、それまでの戦績が示すように問題の多い馬だった。いや、むしろ〝型破りな馬〟と表現した方が正確だろうか。

父は現役時代に逃げ馬として鳴らし、ダービーにも五着と逃げ粘《ねば》ったメジロイーグル。母はメジロファンタジー。いずれもサラブレッド王国メジロ牧場の誇る名血である。昭和六二年に生まれたメジロパーマーは、メジロ軍団の期待の新星として早くから将来を嘱望《しょくぼう》されていた。

だが、意に反してその才能は思うように開花しなかった。

デビューは平成元年八月一二日の函館《はこだて》だが、名手柴田政人《しばたまさと》により好走はするも二着に終わっている。続く八月二六日の新馬戦も二着。初勝利は鞍上が田面木博公《たもぎひろまさ》に乗り替わった三走目、九月九日の同じ函館の未勝利戦まで持ち越された。

続くコスモス賞に連勝し、やっと本格化の兆《きざ》しが見え始めたものの、一〇月の京都萩ステークスを九着と惨敗。以後は年が明け、四歳になっても、まったく勝てない日々が続いた。

能力的な限界なのか。それとも精神的に問題があるのか。三歳時は二勝。四歳時は五戦して勝ち星なしという惨憺《さんたん》たる結果であった。

不思議なことにメジロパーマーは、デビューからしばらくは好位からの差し馬に徹している。本格派を目ざした大久保調教師の意志である。

初めて〝逃げ〟が試されたのは、四歳時の最終戦、平成二年八月一九日の函館記念からである。騎手はすでに六人目、当時メジロパーマーの主戦を務めていた松永幹夫《まつながみきお》に代わっていた。

元来メジロパーマーは、闘争心をむき出しにするタイプの馬だった。気分よく走らせてやらないと、折り合いを欠く気性の悪さを持っている。脚質はともかくとして、気性面では逃げが向いていたのかもしれない。だが、それでも逃げによって勝ち星を挙げるまでに計七戦を要している。

五歳の夏は、六月の十勝岳特別、札幌《さっぽろ》記念（GⅢ・芝二〇〇〇メートル）を連勝。その後、またしても勝てなくなり、大久保調教師はひとつの決断を下す。メジロの貴公子の行き先は、〝障害〟であった。

平成四年春、メジロパーマーは再度平地へと戻された。理由は飛越が低く、脚を痛めやすいと判断されたためである。障害では二戦して一勝、二着一回という成績を残している。

だが、障害帰りの六歳のロートル馬に乗りたがる一流騎手はいない。山田泰誠に声が掛かったのは、その頃だった。

「パーマーのことは、ある程度知ってました。札幌記念で重賞に勝ってるとか、障害試験でレコード（当時）を持ってるとか。走る馬、という印象があったけど……」

追い切りで乗ると、首が高く乗りにくい馬だった。性格は、とんでもない「頑固《がんこ》モン」である。機嫌《きげん》が悪くなると、暴走して止まらなくなる。だがその能力の高さは、まだ新人の域を出ない山田にとって新鮮な驚きだった。

四月二六日、結果的にその年の天皇賞は七着に終わっている。大久保調教師から「気楽に逃げてくれ」といわれ、その通りに逃げた末の結果である。

だがこのレースで、山田泰誠の心に鮮烈なひとつの光景が焼きつけられた。四コーナーで自分をあっさりとかわしていった、あのメジロマックイーンと武豊《たけゆたか》の後ろ姿である。

新潟大賞典の経験

二流のオープン馬には、天皇賞の後も休みはない。

五月一七日、メジロパーマーは中三週で新潟に遠征し、新潟大賞典（GⅢ・芝二二〇〇メートル）に出走した。

この時も、大久保厩舎ではメジロパーマーの騎手を迷っている。まず最初に声を掛けられたのは、メジロパーマーに初の逃げを試し、札幌記念に勝った相性のいい松永幹夫だった。だがこれは、松永に同時開催の他のレースに騎乗する馬があり、実現しなかった。

その役がまたしても山田泰誠に回ってきた。

「自信マンマンでした。なんや、このメンバーは、楽勝やな、と。ハンデも五四キロやったし」

だが、当時の馬柱を見ると、実はこのレースは錚々《そうそう》たるメンバーが揃っている。

その秋に天皇賞を勝つことになるレッツゴーターキン。一番人気に推されたシャコーグレイド。女傑イクノディクタスとダンスダンスダンス。それでも山田には、「タダ勝てる相手」にしか見えなかった。理由は、天皇賞に七着になった時の手応《てごた》えである。

実は三二〇〇メートルの天皇賞を逃げ、七着に逃げ粘ること自体が普通では考えられないことだった。

それまでのメジロパーマーの成績、すでに六歳馬であること、メジロマックイーンのペースメーカーというイメージもあり、その好走がフロックと思われても仕方のない部分はあった。他の騎手が、食指を動かさなかった理由も理解できる。だが、山田だけは実際にその手応えを鞍上で経験している。この時点で、天皇賞を逃げて七着の真の「凄《すご》さ」を理解しているのは山田ひとりだったのかもしれない。

レースは、やはり山田が考えていた通りの結果となった。

スタートから難なくハナに立ったメジロパーマーは、他を引きつけながらペースを作り、最後の直線で突き放した。強い勝ち方である。山田は、天皇賞の七着がフロックではなかったことを証明すると同時に、このレースによって「何かを摑《つか》んだ」という。

〝逃げ〟は、ある意味で単純な戦術である。ただ単にハナを切るだけならば、誰《だれ》にでもできる。だが、それだけでは最終的に馬群に沈むことは目に見えている。

ゴールまでスタミナを残し、逃げ残るためには、絶妙なペース配分を要求される。実は、勝つことまで考えるならば、これほど難しい作戦も他にはない。逃げ馬が、大レースではほとんど本命視されない理由もこのあたりにある。

新潟大賞典に勝ったことにより、山田はメジロパーマーに関する限りそのペース配分に絶対的な自信を持った。この経験が、後の宝塚記念の逃げ切りという大仕事に結びつくことになる。

山田はあくまでもレースの流れは自分のペースで作る。だが、同時に、気難しいメジロパーマーに気分よく走らせてやることも忘れない。時には「行きたいように行かせてやる」こともある。この相反するはずの二つの要素をうまく両立させている。

これはきわめて重要なことだ。つまり、息が合うのである。だからこそ、騎手と馬との間に信頼関係が生まれる。

もし山田泰誠との出会いがなければ、メジロパーマーの能力は生涯開花しなかったのかもしれない。

スペシャリスト

当時、山田は栗東《りっとう》の田中良平《たなかりょうへい》厩舎に所属していた。

厩舎の調教や雑用が終わると、待ちかねたように大久保厩舎に入る。一日に一回はメジロパーマーの顔を見ないと落ち着かなかった。

「かわいいですよ。本当に、メチャメチャかわいい。毎日、馬屋に行って遊んでた」

走る時には気性の強さをむき出しにするが、普段はおとなしい。馬は騎手を嫌うものだが、メジロパーマーは、なぜか山田には馴《な》れていた。頭のいい馬なので、山田が自分にとって大切な相棒であることを理解していたとしても不思議はない。ニンジンをやり、首に腕を回す。山田はいつも顔を舐《な》められて、ベロベロにされた。そんなひと時が、楽しくて仕方がなかった。

反面、常に心に不安はあった。自分はいつまでメジロパーマーに乗せてもらえるのか。実はあの宝塚記念の折りにも、あと一歩のところでメジロパーマーの鞍上を降ろされる危機があった。

直前にメジロマックイーンが故障を発生し、出走を取りやめたために、武豊の手があいていたのである。当然、同じメジロ軍団のメジロパーマー騎乗の話が武に持ち掛けられる。もし武がそれを受ければ、いくら新潟大賞典で勝っているとはいえ、若手の山田では相手にならない。

ところが、名手武豊は、一発屋のイメージが強かったメジロパーマーを嫌った。その直前にメイステークスで二着と好走していたメイショウビトリアを選んだのである。メジロ側の関係者は失望したかもしれないが、山田には好運であった。

宝塚記念に勝った後も、山田の不安は消えなかった。メジロパーマーを「取られたくない」がためにとんでもない無茶をすることもあった。

GIに勝ち、初めて一流馬の仲間入りをはたしたメジロパーマーは、この年初めて夏休みを許される身分になった。宝塚記念の後、四カ月の休養に入り、秋に一〇月一一日の京都大賞典から復帰した。結果は一四頭中九着に終わっている。

元来が休み明けは走らないタイプなのだが、この時の惨敗にはもうひとつ大きな理由があった。実は山田泰誠が、その直前のレースで落馬し、足を骨折していたのである。普通ならばとても騎乗できるような状態ではなかった。

「他の騎手に取られたら、一生帰ってこない。自分はまだ若手だったし。パーマーだけは、何があっても渡したくなかった……」

だが、その山田も、さすがに次走一一月一日秋の天皇賞には乗ることができなかった。メジロパーマーに乗るようになって初めて、そのレースを病院のベッドから観戦することになった。鞍上は、藤田《ふじた》伸二《しんじ》に乗り替わっている。

「複雑でした。好きな馬やったから勝ってほしいけど、（他の騎手で）走ってもらったら困る。悪いけど、一七着でほっとしました。あれはダイタクヘリオスが競りかけて、ペースのアヤでああなったんやけど、自分にはラッキーでした」

このレースの結果は大きかった。

やはりメジロパーマーには山田泰誠しかいない。周囲が、やっとスペシャリストとしての価値を認め始めたのである。

有馬記念を逃げる

平成四年一二月二七日、有馬記念（GI・中山・芝二五〇〇メートル）——。

まだ二一歳の山田泰誠は、この歴史的なレースを望み通りにメジロパーマーの鞍上で迎えることができた。

時代の最強馬の一頭、トウカイテイオーと田原成貴《たばらせいき》がいる。

菊花賞に勝ち、後にヘビーステイヤーとまでいわれるライスシャワーと的場均《まとばひとし》がいる。

ナイスネイチャ、レガシーワールド、さらにダイタクヘリオスがいる。

例年になく層が厚いメンバーの中で、だが山田泰誠は、二五〇〇メートルのこのレースをいつものように逃げ、そして勝つ自信があった。

〝逃げ〟は、距離が長くなるほどそのペース配分が難しくなる。また、ベストのペースで逃げられたとしてもスタミナが持つかどうかという問題もある。

まして有馬記念は、人気投票によってその年の最強馬クラスが集結するグランプリだ。ただでさえ、〝玉砕戦法〟ととられがちな逃げ馬に、誰も期待はしない。さらに中山には、逃げ馬を殺す坂がある。

この日、メジロパーマーは一六頭中一五番人気。宝塚記念を勝っているにもかかわらず、まったくといっていいほど評価されていなかった。

この評価がすなわち、有馬記念の〝逃げ〟がいかに無謀な作戦であるかを物語っている。

事実、このレースを逃げ切った馬は昭和四九年のタニノチカラ以来一頭も存在しない。また過去二走の惨敗も、メジロパーマーの一発屋としてのイメージを強調していた。

それでも山田には勝算があった。

メジロパーマーのペースは、完全に摑み切っている。過去二戦の惨敗も、理由がはっきりしていた。スタミナに関しては、三〇〇〇メートル級の障害コースをレコードで走るほどの馬だ。二五〇〇メートルは、まったく苦にしない。

評価の低さは、むしろ意外だった。もし不安があるとすれば、ペースを無視して競《せ》りかけてくるダイタクヘリオスくらいのものだ。

スタート直後、メジロパーマーは難なくハナを奪っている。すでにメジロパーマーと山田が逃げることは、周囲からも暗黙の了解になっていた。

そのまま山田はスローペースに持ち込み、後続を引きつけながら流れを作っていく。二番手にレガシーワールドと小谷内《こやうち》。三番手にダイタクヘリオスと岸。トウカイテイオーと田原は、最後方から様子を見る作戦に出た。

前半は山田の計算通りの展開だった。だが、最初の一コーナーの手前で、早くもこれに水をさす動きがあった。例のごとく引っ掛かったダイタクヘリオスを、鞍上の岸が抑えきれなくなったのである。

ダイタクヘリオスは、宝塚記念でも秋の天皇賞でもメジロパーマーにからんでいる。実際に天皇賞ではそれが原因で共倒れになった。

「あの時は、行くと決めた方を行かしてしまえばよかったんです。パーマーは、ある程度好きに走らしてやらないと……」

確かに逃げ馬は、ペースが速すぎれば当然潰れてしまう。それと同じように、行きたがるのを抑えすぎてもスタミナを消耗する。結果的に、しまいが伸びなくなる。だが、行かせるには騎手の度胸が必要だ。そして、山田にはそれがあった。メジロパーマーの能力を、完璧《かんぺき》なまでに見切っていたのだ。

山田泰誠は、二五〇〇メートルの有馬記念の中盤でメジロパーマーの脚を解き放った。メジロパーマーが逃げる。ダイタクヘリオスが競りかける。二頭と後続の差が、見る間に開き始めた。

向こう正面で三番手集団との差は約一五馬身。有馬記念の歴史を覆《くつがえ》すほどの大逃げとなった。

もちろん他の騎手は動かない。ペースがあまりにも速すぎる。これではまるで一二〇〇の競馬である。二頭が潰れることは歴然としていた。

間もなく先頭が三コーナーに差し掛かる。そして最終コーナーへと向かう。

だが、二頭の脚色はまったく衰えを見せない。一五馬身の差は、そのままだ。さすがにここまでくると、どの騎手も「何かがおかしい……」ことに気がつき始めた。

迷いが生じた理由は、最後方に待機するトウカイテイオーにあった。本命馬が、ここでまだ動かない。

だがトウカイテイオーは、動かないのではなく、このとき脚に故障を発生して「動けなかった」のである。

さすがのダイタクヘリオスの脚も、直線に入って終わった。

だが、メジロパーマーはさらに二の脚を使って粘りを見せる。他の騎手がトウカイテイオーの異常に気づき、追い出した頃には、すでにメジロパーマーは最後の直線の半ばに差し掛かろうとしていた。

「最後はバタバタでした。ゴール直前にレガシーが一気に来て、ドキッとした……」

ゴールと同時にレガシーワールドにかわされた。だが、写真判定の結果、メジロパーマーはハナ差で逃げ残っていた。

一年に、グランプリを二勝。これは平成元年のイナリワン以来の快挙である。

だが、山田泰誠はそれでも満足はしていなかった。どちらのレースにも、あのメジロマックイーンが出走していなかったからだ。

「パーマーは、けっしてマックイーンのペースメーカーなんかじゃない。いつかそれを証明してやりたかった」

山田の脳裏《のうり》には、初めての天皇賞の時に見た、メジロマックイーンの後ろ姿の残像があった。

打倒マックイーンの夢

速い馬はいくらでもいる。

強い馬、名馬と呼ばれる馬もけっして少なくはない。

だが、凄味を感じさせてくれる馬はそうざらにはいない。

GⅠを二つ逃げ切った六歳時は、メジロパーマーの最盛期であったことに疑問の余地はない。それでもその真の〝凄さ〟を発揮したのは、七歳の春であったと思う。

その象徴ともいえるレースが、平成五年三月一四日の阪神大賞典（GⅢ・芝三〇〇〇メートル）だった。この日、グランプリホースであるメジロパーマーの評価は、一一頭中三番人気。五九キロという斤量と、「三〇〇〇メートルを逃げ切れるわけがない」という常識による当然の評価であった。

だが、ここでも山田泰誠は、一時は他に一〇馬身以上の大差をつける大逃げを打った。最終コーナーで他を引きつけ、直線でナイスネイチャに並びかけられると、二の脚を使ってこれを突き放す。サラブレッドのスタミナ。精神力。レースの流れ。すべての常識は、メジロパーマーという怪物の前に、まったく無意味であることを証明する圧勝劇を演じた。

しかも三分九秒二はレコードであった。

そして四月二五日、メジロマックイーンとの決戦の舞台となる春の天皇賞を迎えた。

もちろん山田泰誠は、このレースも逃げた。逃げて勝ってこそ、最強馬という思いがあった。

だが、春の天皇賞は三二〇〇メートルという日本最長のGⅠである。さすがにこのレースは、最後の直線でメジロマックイーンとライスシャワーにかわされた。

「あのレースは勝ちに行った。勝ちたかった。勝たしてやりたかった。一番悔しいレースやった……」

逃げ馬は、一度かわされると脆《もろ》いものだ。戦意を失い、馬群に沈んでいく。だが、メジロパーマーは潰れなかった。一度かわされたメジロマックイーンを追い詰め、逆に差し返そうと食い下がった。結果は三着に終わったが、あらためてメジロパーマーの〝凄さ〟を見せつけたレースだった。

平成六年九月、メジロパーマーは一度もメジロマックイーンを破ることなく、八歳で引退した。山田泰誠はそれを遠征先の函館で聞いた。その後は種牡馬《しゅぼば》として、静内《しずない》のアロースタッドで平穏な日々を送った。

引退後も山田は、年に一度はメジロパーマーに会いに行った。昔と同じようにニンジンをやり、首に腕を回し、顔をベロベロにされながら遊んだ。

「これからもいろんな馬に乗るでしょう。GIに勝つこともあるかもしれない。でも、ぼくの一番の馬は、永遠にパーマーなんです」

名門メジロ牧場に活気がある。平成九年度はメジロライアン産駒《さんく》がクラシックをにぎわし、さらにメジロマックイーン産駒も順調だ。外国産種牡馬に安易に頼る他の大牧場に比べ、独自の血統にこだわり続けるメジロは、日本のサラブレッド文化を担《にな》う気概を感じさせる。

だが、あの頃《ころ》と比べ、いまひとつ物足りなさを感じるのはなぜだろうか。もし理由があるとすれば、それはメジロパーマーのような、型破りな馬が存在しないからではなかろうか。

平成一〇年、待ちに待ったメジロパーマー産駒がいよいよデビューを迎えた。その数は、けっして多くはない。だが、いずれその中の一頭が、日本の競馬界の常識を覆す時が来ると信じたい。

麒麟がターフに蘇《よみがえ》る時、その鞍上はやはり山田泰誠という男がよく似合う。

歴史は、間もなく第二幕を迎えようとしている。

【追記】メジロパーマーは二〇〇二年まで種付けを行ない、種牡馬を引退した。その後は故郷のレイクヴィラファームで功労馬として平穏な余生を送り、二〇一二年四月に死亡した。二五歳（現年齢表記）だった。

美しき幻影

ユキノビジン

Yukino Bijin

雪の盛岡

盛岡は、昼頃から雪になった。

駅前でタクシーを拾い、行き先を告《つ》げる。

盛岡競馬場と聞くと、運転手はこころなしか怪訝《けげん》そうな顔をした。

岩手県内の盛岡《もりおか》、水沢《みずさわ》の公営競馬場は、一月の第一週の開催を終えると四月まで長期休業に入る。一月も中旬を過ぎたこの時期に、ひと目で東京から来たと思える者が競馬場に用があるとも思えなかったのだろう。

それでも気さくそうな運転手は、特に事情を訊《たず》ねることもなく車を走らせた。

市街地を抜け、山道にさしかかると、次第に雪が強くなってきた。白い路面に滑る後輪をなだめすかすように、タクシーは丘を登っていく。やがて民家が途切れ、周囲を美しい森に囲まれると、間もなく鉄の門の前でタクシーは止まった。

休催日ということもあり、やはり思ったとおり競馬場内には入ることができなかった。

だが、車を降りてなだらかな丘を見上げると、かすかに盛岡競馬場の感触が伝わってくるような気がした。

かつてここで、ユキノビジンという馬が走ったことがある。彼女はこの美しい森の中で三度走り、圧倒的な速さで三つの勝ち星を挙げた。その場所に自分の足で立ち、空気に触れることができただけで十分だった。

待たせていたタクシーに乗り、次の行き先を告げる。水沢競馬場と聞くと、また運転手は怪訝そうな顔をし、山道を下り始めた。

名牝の時代

なぜその馬が心に残るのだろうか。

よくそんなことを自問自答することがある。

GIを連覇するような特別に強い馬でもない。その成長を、当歳の頃から見守ってきたわけでもない。

だが、どうしても特別な感情を持って見てしまう馬がいる。その理由が、自分でもわからなくなることがある。

もしかしたら、名前の響きにその理由の一端があったのかもしれない。

ユキノビジン——。

確かに美しい名だ。馬主の荒井《あらい》幸勝《ゆきかつ》の名に由来することは知っているが、どうしても〝雪の美人〟と書きたくなる。

実際に美しい馬だったような気もする。

毛並のよい輝くような栗毛の馬体は、牝馬《ひんば》ならではのふっくらとした優しさを感じさせた。父サクラユタカオー譲りの白い流星とソックスも鮮やかだった。たてがみを編んだ時の白いワタリと、同じ白のメンコにも華があった。

だが、そうした表面的なものだけではなく、ユキノビジンは人を魅《ひ》きつける特別な何かを持っていたような気がする。

ユキノビジンがクラシックを戦った平成五年は、特に四歳（旧齢）牝馬のレベルの高い年だった。

超良血馬として鳴り物入りでデビューしたベガ。三歳夏からクラシック候補と騒がれたマックスジョリー。桜花賞を前に急成長したヤマヒサローレル。後に〝砂の女王〟の名で呼ばれ、ドバイで非業の死をとげたホクトベガ。その中でも主役は、やはり天才武豊《たけゆたか》が騎乗するベガだった。

父はアイルランド産の輸入種牡馬トニービン。母もノーザンダンサー直仔《ちょくし》のアンティックヴァリユーである。ベガは、その実力以前に、ブランド品の代表のような馬として注目されていた。

その好対照として常に比較されたのが、ユキノビジンである。

父は内国産のサクラユタカオー。母ファティマは中央で勝っているが、知名度は低い。血統絶対主義のサラブレッド社会において、明らかに亜流である。

しかもユキノビジンは、市場で取り引きされ、公営盛岡でデビューするというエリートコースを外れた経歴を持っていた。平成五年の桜花賞の各専門紙の馬柱が象徴的である。

まっさらなベガの枠に対し、ユキノビジンの名の上には㊇、㊞、㊥などのマイナー路線を物語る烙印《らくいん》が並んでいた。

　四歳一月に遅いデビューをはたしたベガは、新馬戦こそ二着に敗れたものの、以後は武豊に乗り替わり二連勝で桜花賞に臨んだ。鞍上《あんじょう》武豊は新馬戦に勝った時点で、早くも「将来のオークス馬に出会うことができた」と明言していた。

　対するユキノビジンは、公営岩手で三勝一敗。四カ月の休養の後に中央美浦《みほ》の久保田敏《くぼたとし》夫厩舎《おきゆうしゃ》に転厩し、二月二七日の中山クロッカスステークス（一六〇〇メートル）で一勝しかしていない。鞍上は以後四戦を共に戦うことになる安田富男《やすだとみお》である。

　この鞍上安田富男も、当時はいわくつきのものだった。

　久保田調教師は後のクラシックの可能性も考え、名手岡部幸雄《おかべゆきお》にデビュー戦の騎乗を依頼したという。だが当日のユキノビジンは一〇頭中九番人気。岡部は当然のことのように本命の一角ニホンピロスコアーを選んだ。

　ところが結果は、安田とユキノビジンの圧勝に終わった。終始先行し、最後の直線では二着以下を三馬身以上も突き放す強い勝ち方だった。

　問題はその時計である。マイル戦一分三四秒九は、桜花賞でも十分に勝ち負けになる好タイムだったのだ。

箱入り娘

「本当は残しておきたかったんだ。しかしあの年は、男馬のいいのが出ない年でね。仕方なく売りに出した……」

北海道新冠《にいかっぷ》の村田牧場の場主、村田繁實《むらたしげみ》は、放牧地で仔馬《こうま》と共に草を食《は》むユキノビジンを眺めながら静かに呟《つぶや》いた。

平成九年の秋、他の馬の取材がてら、村田牧場を訪ねてみた。久し振りに会うユキノビジンは、いかにも母馬らしくふっくらとして穏やかだった。

平成八年にはノーザンテーストの仔を、九年にはジェネラスの仔を産んだ。どちらも男馬だった。訪ねたときにはフォーティナイナーの仔をその胎内に宿していた。

「女の仔がほしいね。この血統には、いい思い出が沢山あるんだ」

ユキノビジンについて語る時、村田は娘を嫁にやった父親のような顔になる。

どの牧場にも、大切にしている血統がある。特に牝系だ。確かに海外から大金で名牝《めいひん》を買ってくるのは簡単だ。だが、それぞれの牧場が血統を守らなくては、やがて日本のサラブレッドの歴史は途切れてしまう。

村田牧場の宝は、クモハタの仔ジェーンの血統だった。

その仔ミスジェーンは、中央で四勝を挙げている。売れ残ったために、村田牧場の初めての持ち馬でもあった。小柄で追い込みを得意とし、着を拾う。桜花賞にも出走した実績がある。その仔ビューティワンは北海道で一〇勝以上。さらにその仔のファティマも、中央で一勝している。

村田はそのファティマの四番目の仔の父に、サクラユタカオーを選んだ。内国産だが、村田牧場にしてみれば初めての大物種牡馬である。そして生まれたのが、ユキノビジンだった。

父のサクラユタカオーに似た、気品のある仔馬だった。体がよく、男馬並の馬格をしている。人によく馴《な》れ、気性も穏やかで、健康そのものだった。

「代々、利口な血統なんだ。特に女馬がよく走る。生まれた時から、楽しみだった」

村田は、気に入った牝馬は、できるだけ売らないようにしている。自分の持ち馬として競馬に使い、早めに繁殖に上げてその血統を残す。そうして地道にやってきた。

だがユキノビジンの生まれた平成二年は、売り物になるようないい牡馬《おすうま》が生まれなかった。

現金収入がなければ、牧場の経営も苦しくなる。仕方なく村田は、愛着のあるファティマの仔を手放すことにしたのである。

自分の馬が売れることは、本来牧場に携わる者にとって、最も嬉《うれ》しいことだ。だが、ファティマの仔の売れ先が決まった時、村田は複雑な心境だった。嬉しくもあり、また淋《さび》しくもあった。

それでも、ユキノビジンは幸運だった。新たに馬主となった荒井幸勝は、まず第一に馬を大切にする人間だったからだ。

なぜユキノビジンは公営の盛岡でデビューしたのか。その理由は、後に入厩する久保田厩舎に空きがなかったから、とされている。

もちろんそれは一方の事実だろう。だが、ユキノビジンほどの馬である。手を尽くせば、三歳時の中央デビューも可能であった。それをあえてしなかったのは、「無理をさせたくない」という馬主の意向であった。

ユキノビジンは、牝馬としては大型馬である。反面、体は頑健だがツメが薄く、トモも甘いところがあった。

そこで三歳時は公営のダートを使い、様子を見ようということになった。もし公営でそれなりの成績を残せば、いつでも中央に転厩できる。

結果的にこの作戦は、予想以上にうまく事を運んだ。ユキノビジンは格違いの能力を見せつけ、盛岡でデビュー三連勝を飾った。第四戦の水沢こそ五着と敗れたが、公営での総収得賞金は六八五万円に達し、無理をせずに中央のオープンデビューをはたすことができたのである。

さらに盛岡でのデビューは、計算外の副産物をも生み出していた。盛岡の山で鍛えられ、レースを戦い続けたことによる、スタミナとスピードである。盛岡競馬場のダートコースは、三コーナーから四コーナーにかけて高低差九・七メートルもの〝坂路〟がある。それに比べ、中山名物の坂は高低差二・五メートルにすぎない。中央デビュー戦のクロッカスステークスで、牡馬をものともせずに逃げ切った圧勝劇も、すでに三歳時に伏線があったのである。

「あれでよかったんだと思う」

クロッカスステークスのあまりに強い勝ち方に、村田は心底驚かされた。まさかあれほどの馬だとは思ってもいなかった。馬券を買っていなかったのがちょっと残念だったといって、笑った。

一騎討ち

平成五年四月一一日の桜花賞（GI・一六〇〇メートル）を前にして、ユキノビジンの鞍上安田富男は、こんなことをいっている。

「いい結果になるんじゃないかな。人気はなさそうだけど……」

誰だってそう思う。公営出身の中央一勝馬が、たとえどんな好時計を持っていようが桜花賞で人気になるわけがない。中央のGIは、〝特別〟なレースなのだ。

だが、前売りが始まると、奇妙な現象が起きた。

一番人気は当然のことながら、ベガである。ところが公営出身のユキノビジンは、他の有力馬を押しのけて前日には四番人気、当日は多少オッズを落としたものの、五番人気にまで推された。意外であった。

ファンはユキノビジンという一頭のサラブレッドに、何を求めていたのだろうか。外国ブランドの超一流馬に対する日本の代表として、純粋にその実力を認めていたのだろうか。それとも東北――雪――美人という一連のキーワードに、単に情感を刺激されたにすぎなかったのか。

だがユキノビジンは、その人気が単なるフロックではないことをレースで証明した。

結果はベガに次ぐ二着に終わったが、大外から強襲して写真判定に持ち込んだ末脚は、明らかに主役を喰《く》っていた。事実、翌日のスポーツ紙では、勝ったベガよりもユキノビジンを大きく取り扱う例が多かった。

鞍上の安田富男は、レース後のインタビューに次のようなコメントを残している。

「一瞬、出たんだよ。そう、やったぜという瞬間に、向こうがまた伸びやがった……」

（サンケイスポーツより）

ユキノビジンは、ある意味できわめて運の強い馬だったといえるかもしれない。鞍上に安田富男という職人気質の乗り役を得たこともそのひとつである。

あの日、阪神競馬場はイン側がひどく荒れていた。それを逸早《いちはや》く察し、安田はユキノビジンを外に出していた。勝ち負けよりも、馬の脚を気づかったという。結果的にそれが、大外強襲という安田らしい奇策につながった。

昭和五一年の菊花賞で、安田は人気薄のグリーングラスでインを強襲し、快勝している。その意外性が、「穴の富さん」の異名を呼んだ。考えてみると、公営出身のユキノビジンと穴の富さんの組み合わせは、この上もない名コンビであったような気もする。追い上げながら一歩届かず、クビ差の二着というのも、いかにもユキノビジンと安田らしかった。もし桜花賞で鮮やかに勝っていたら、〝東北の雪の美人〟のストーリーはそこで安直に完結してしまったのかもしれない。

はたしてサラブレッドの価値は、血統という絶対的な要素に集約されるものなのか。それともマイナーな馬にも、つけ入る隙《すき》があるのか。ユキノビジンとベガの決着は牝馬クラシックの第二戦、五月二三日の府中オークス（GⅠ・二四〇〇メートル）へと持ち越されることになった。

この時ユキノビジンは、桜花賞よりもさらに支持を集め、三番人気にまで推《お》された。もちろん一番人気は桜花賞を無難に勝ち上がった良血馬、ベガである。だが専門紙などの予想は、この両馬の人気の差にかかわらず興味深い反応を見せていた。どの馬が勝つかではなく、ユキノビジンがベガに勝てるのかどうかが議論の中心となる傾向があった。

だが二四〇〇メートルで争われるオークスは、血統の〝格〟以前の問題でユキノビジンに不利な要因があった。配合による距離適性である。

二〇〇〇メートル以上の中長距離に適応するベガの配合に対し、ユキノビジンはマイルから二〇〇〇メートルまでの典型的な中距離血統であった。ユキノビジンが二番人気ではなく、三番人気に甘んじた理由もこのあたりにあったようだ。

レースは大方の予想どおりの結果となった。ユキノビジンは好スタートからハナを奪い、その後も二、三番手の好位で折り合いをつける。直線に入り三ハロン三五・六秒の末脚を見せるが、距離適性に勝るベガには及ばなかった。結局は桜花賞以上の差で、二戦連続でベガの二着に終わった。

競馬に限らず、あらゆる事例に〝もしも〟という言葉を用いることは無意味であるのかもしれない。だがあの時、「もしもベガがいなかったら……」という仮定を夢想したのは私だけだろうか。

もしベガがあの年にいなければ、ユキノビジンは公営出身馬のクラシック二冠というとんでもない大記録を打ち立てていたことになる。

血統に対するアンチテーゼの前に立ちはだかった壁は、やはり血統という絶対的な現実であった。

理不尽な別れ

春のクラシックを戦い終えた後、ユキノビジンは四カ月半の休養に入った。復帰は一〇月三日、中山のクイーンステークス（GⅢ・二〇〇〇メートル）である。

中央入りしてここで初めて一番人気となったユキノビジンは、二着ホクトベガ以下を二馬身差に抑え、快勝。初の重賞制覇を果たした。終始好位を保ち、直線で突き抜ける強い勝ち方だった。四歳牝馬三冠路線の最終戦、一一月一四日の京都エリザベス女王杯（GⅠ・二四〇〇メートル）に向けて、万全のスタートだった。

対照的だったのが、春の二冠馬に輝いたベガである。ベガは六カ月の休養の後、直接エリザベス女王杯出走という思い切ったローテーションを組んだ。

だが、二頭の運命は、このエリザベス女王杯を機に大きく狂い始めることになる。もっとも驚かされたのは、ユキノビジンの鞍上がそれまでの安田富男から、名手岡部幸雄へと乗り替わったことだった。

ファンはこの乗り替わりをどう受け止めたのだろうか。日本一のジョッキーを得たことで、ユキノビジンはあらためて〝中央の一流馬〟として認知されたことになる。

一方、安田富男も、けっして難があったわけではない。ユキノビジンとのコンビは、中央で四戦二勝。GⅠに二着二回という好成績を残しているのだ。

確かに岡部に乗り替わったことにより、ユキノビジンのGⅠ初制覇に対する周囲の期待は高まった。

だが同時に、愛すべき異端者が〝普通の馬〟になった瞬間でもあった。

レースの結果は、その事実を示すように皮肉なものだった。東北の夢の立役者となるはずのユキノビジンは、まったく精彩を欠いたまま一〇着と大敗。ぶっつけ本番で三冠馬を狙《ねら》ったベガも三着に終わっている。勝ったのは、後の砂の女王、ホクトベガだった。

エリザベス女王杯の後、ベガはその年の有馬記念、翌平成六年四月の大阪杯、六月の宝塚記念に出走。だがいずれも九着、九着、一三着と大敗し、平成六年の九月二一日に引退した。

対するユキノビジンは、一二月一八日に得意の中山で行なわれたターコイズステークス（OP・一八〇〇メートル）に出走し、鞍上岡部による初勝利を記録。だがその後、持病の股《こ》関節《かんせつ》が悪化し、長期休養に入る。その後も病状が良化することなく、平成七年一月に引退し故郷の新冠へと戻った。

東北の〝雪の美人〟のドラマは、ついに完結することなく時の流れの中に埋もれてしまった。

それにしてもあの日、エリザベス女王杯を、愛馬を奪われた安田富男はどのような気持ちで見つめていたのだろうか。

ユキノビジンは、いつものように輝いていたのだろうか。

半年間の思い出

水沢競馬場は、深い雪に埋もれていた。

門の詰所で厩舎の場所を聞き、タクシーを降りた。降り続く雪で、周囲はぼんやりと煙ったように見えた。

薄暗い馬房を覗くと、入口の近くに小さな部屋があった。

岩手公営の調教師、阿部時男《あべときお》はそこで待っていた。体の雪を払い、部屋に上がってこたつに足を滑り込ませると、全身に東北の温もりが行き渡ったような感覚があった。

ユキノビジンが阿部の元にいたのは、わずか半年間にすぎなかった。それでも語り尽くせないほどの思い出がある。

素晴らしい馬だった。素直で、頭がよく、人によく馴れた。

能力も飛び抜けていた。新馬戦の鮮やかな勝ち方が、今も頭にこびりついている。楽しませてくれた馬だった。

「自分のところにいた馬が、中央のGIを走る。素晴らしいことだよ。でも桜花賞の二着は、別に驚きもしなかった。その前（クロッカスステークス）の勝ちっぷりがよかったしね。ユキノビジンなら、勝てるんじゃないかとも思っていた。でも二着はよくやった。あの時、馬主席で見てたんだよ。最高だった……」

阿部がユキノビジンを初めて見たのは、二歳の秋だった。誰もが注目するような、素晴らしい馬だったという。

今でも阿部は、北海道に行くと必ず、ユキノビジンに会うために村田牧場を訪ねる。いい仔が生まれてほしい。できればもう一度やってみたい。それが阿部の、ささやかな夢である。

阿部は、懐かしそうに言葉を続ける。その阿部に、突拍子もないことを訊ねてみたくなった。

ユキノビジンは、本当に〝美人〟だったのだろうか――。

その質問を聞くと、阿部は一瞬とまどったような表情を見せた。だが、すぐに顔をほころばせた。

「美人だったさ……。本当に、すごい美人だった……。あれほどきれいな顔立ちをした馬は、他に見たこともない。もし人間だったら、絶世の美女だったろうなあ……」

その言葉を聞いた時、それまでの心の蟠《わだかま》りが急速に溶けていくような気がした。

そうだ。ユキノビジンは、やはり美しかったのだ。

それはおそらく、あのベガよりも。ホクトベガよりも。それだけで十分ではないか。

考えてみると、我々はユキノビジンという馬に、哀愁《あいしゅう》という名の幻を追い求めていたのかもしれない。恋に近い感情を抱いていたのかもしれない。

恋に理由は存在しない。価値を計ることもできない。もしかしたら安田富男という老練な騎手は、初めてユキノビジンの背に乗った時、すでにその本質を見抜いていたのではあるまいか。

水沢の駅に着くと、雪はますます強くなっていた。新幹線は動くのだろうか。

だが、仙台あたりで止まってしまうのなら、それも悪くはない。その夜は、いつまでも雪を見ていたい気分だった。

久々に、うまい酒が飲めそうだった。

【追記】ユキノビジンは生まれ故郷の村田牧場で繁殖生活に入り、二〇一〇年までの一五年間で牡九頭、牝三頭の計一二頭の仔を産んだ。その後、同牧場で二〇一六年まで生き、七月に老衰のために亡くなった。

豪牝の行方

ウオッカ

Vodka

快挙

挑戦は、常に無謀と背中合わせに存在する。

だが、歴史の扉は、無謀な挑戦なくしてけっして開くことはない。

二〇〇七年（平成一九年）五月二七日――。

東京競馬場で行なわれた第七四回日本ダービー（GⅠ・二四〇〇メートル）の舞台で、ひとつの挑戦が結末を迎えようとしていた。観衆は事の成り行きを見守りながら、ある者は価値観を共有することを望み、またある者は自らの夢を挑戦者の姿に重ねた。

その時、この歴史的挑戦の演出者である角居《すみい》勝彦《かつひこ》調教師は、観衆とはまったく別の次元のことを考えていた。馬群が最終コーナーを回る。その光影を調教師席から見守りながら、角居は自分の馬――ウオッカ――が出走全一八頭中唯一の牝馬《ひんば》であることすら忘れていたという。

四コーナーから最後の直線に入り、ウオッカが馬群を割った。

その時点で、角居は〝勝ち〟を確信した。

ウオッカは弾《はじ》けるように他馬を突き離し、同時に周囲から祝福の声が上がりはじめる。後続と三馬身と大差が開いたところで、ウオッカがゴールラインを越えた。日本の競馬史上三頭目の、牝馬によるダービー制覇の瞬間だった。

角居の周囲から、すべての雑音が消えた。

「奇妙なことに、私は早くウオッカに会って褒《ほ》めてやろうと、それればかり考えていたんですよ。ウイニングランがあることも忘れていた。牝馬で……というのはまったくなかったですね。初挑戦でダービーに勝った、という印象のほうが大きかったんです……」

ところが何日かしてから、「周囲からみんなにいわれて……」角居は改めて事の重大さを嚙《か》み締めることになった。

牝馬がダービーに勝つのは一九四三年のクリフジ以来六四年振り。しかも牝馬限定のオークスが秋から春に変更された五三年以降では、初の快挙だった。つまりあえてオークスを回避し、「ダービーを狙《ねら》って獲《と》った」牝馬は、長い日本の競馬史の中でウオッカただ一頭だったのだ。

そしてこのダービーを境に、ウオッカを取り巻く環境と周囲の期待は音を立てるように激変することになった。

逸材

ダービーから一年後の〇八年五月一五日、私は次走ヴィクトリアマイル（GⅠ）を三日後に控えたウオッカに会うために栗東《りっとう》トレーニングセンターに向かった。

朝の調教を終え、ウオッカは角居厩舎《きゅうしゃ》の馬房の中でのんびりと飼葉を食《は》んでいた。

担当の中田暢之《なかたのぶゆき》調教助手が呼ぶと、馬房から顔を出してニンジンをねだる。馬体重四九〇キロ前後。骨格が大きく皮膚の薄い雄大な馬体は、とても牝馬とは思えない。ましてダービーで居並ぶ牡馬の強豪を一蹴《いっしゅう》した残像が目に浮かぶからだろうか、必要以上に〝豪《ごう》牝《ひん》〟というイメージにとらわれてしまう。

だが、初めて目の前で見るウオッカの表情は意外なほどに優しかった。品格にも似た、美しさがある。静けさの中に、秘めた闘志がかすかに漂う。

「賢い馬なんです。先週と今週とでは、明らかに馬の雰囲気が違ってきている。〝競馬モード〟に入ってきているというか、自分で体を作ってくれるんです。飼葉を残して、体を絞るんですよ」

中田調教助手がそういって目を細める。

ウオッカが角居勝彦厩舎の所属馬となった経緯については、当初さまざまな憶測が流れた。

角居は石川県の出身。栗東の中尾謙太郎《なかおけんたろう》厩舎、松田国英《まつだくにひで》厩舎の調教助手を経て二〇〇〇年に同じ栗東に厩舎を開業した。その後、〇五年にオークス（シーザリオ）、マイルチャンピオンシップ（ハットトリック）、ジャパンカップダート（カネヒキリ）と三つのGⅠを制し、最多賞金獲得調教師賞、優秀調教師賞（関西）などを受賞して注目を浴びた。

一方、ウオッカは、オーナーブリーダーとして知られる日高の名門『カントリー牧場』の生産馬である。

すでにタニノハローモア（一九六八年）、タニノムーティエ（七〇年）、タニノギムレット（〇二年）と過去三回のダービーを自家生産馬によって制していた。その最後のダービー馬――タニノギムレット――を管理していたのが「角居と師弟関係にあたる」松田国英だった。

しかもウオッカは、同牧場で種牡馬《しゆぼば》となったタニノギムレットの初年度産駒《さんく》だった。当然のことながら、「（ウオッカは）松田厩舎に入厩するはずではなかったのか……」という憶測である。

だが、角居調教師は笑う。

「裏などありません。たまたまですよ。（母の）タニノシスターの仔《こ》は最初からすべてうちに来ることが決まっていた。それだけのことです」

実際に、二歳まではごく普通の仔馬だった。〝薄手の大柄〟という馬体も母タニノシスターの特徴で、毎年どのような血統を付けても似たような馬になる。

一方で谷水雄三オーナーは、早くから特別な期待を持っていたようだ。

父タニノギムレットの〝ギムレット〟はジン・ベースのカクテルの名前である。そこで「ジンよりも強く……」という願いを込めて、〝ウオッカ〟と名付けられた。あえて冠の〝タニノ〟が省かれたのも、「カクテルよりストレートのほうが強い」という意味を持っている。

カントリー牧場の育成では、同牧場の初代ダービー馬タニノハローモアを管理した戸山《とやま》為夫《ためお》師の伝統を受け継ぎ、スパルタ方式で馬を鍛え上げることで知られている。

ウオッカも例外ではない。角居は早くから、「（ウオッカは）物が違う。なかなかいい動きをしている……」と聞かされていた。だが、半信半疑だった。いくら育成でいい動きをしていても、競馬場の動きはまた別次元の話だ。

後に、栗東トレーニングセンターに入厩。

最初にウオッカが「普通ではない……」ことに気づいたのは、実際に調教にあたった当時の調教助手だった。ダービーを勝った後から現在までウオッカを担当する清山宏明《しみずひろあき》調教助手も、その印象をこう語る。

「まず、第一印象が強烈でした。馬体も雰囲気も女馬ではなかった。男馬です。しかしその中に、女馬らしいナイーブさとデリケートさがある。どっしりと構えられる重厚さを感じました。

調教で初めて乗らせてもらったときには、衝撃を受けました。何ともいえない乗り心地だった。思わず、顔に笑いが込み上げてきたほどです。これから一生、あのような強さでダービーを勝つ牝馬には巡り合えないでしょう。それを考えると、いまも責任の重さを感じます」

ウオッカの能力は、別格だった。

二歳の夏前に入厩した当時は、調教で同格の馬を合わせていた。だが、これではまったく相手にならない。ウオッカの能力が高すぎて調教にならないのだ。そこで少しずつ相手を強くし、デビュー前にすでにオープン馬と合わせるようになっていた。

オープン馬――といっても半端ではない。相手は当時、角居厩舎の看板馬だったデルタブルース（菊花賞）やハットトリック（マイルチャンピオンシップ）など超一流のGⅠ馬である。

だがこれらの馬と併《あわ》せ馬《うま》をやってみると、まだ二歳牝馬のウオッカは遅れることなくついてくる。もしくは、相手を突き離す。さすがに角居も、この時点で「普通じゃない……」ことに気がついた。

夏の函館《はこだて》は輸送による発熱で回避したものの、〇六年一〇月二九日、京都の新馬戦（芝・一六〇〇メートル）を鞍上鮫島克也《あんじょうさめしまかつや》でデビュー。これを掛かり気味ながら力で押し切り、格違いの能力を見せつけた。さらに一一月一二日の黄菊賞二着をはさみ、翌一二月三日の阪神ジュベナイルフィリーズ（GⅠ・芝一六〇〇メートル）を勝利した。

これでいとも簡単に、二歳牝馬の頂点に立った。

そして年末の三一日、初めてウオッカのダービー挑戦が新聞の紙面を飾ることになった。

偶然

それにしても、「なぜダービー」だったのか――。

実は二歳になって一〇日ばかりした時点で、角居はオーナーの谷水からウオッカの五大クラシック（ダービーを含む）への登録をしてくれと指示されたという。もちろんこの時点で、ダービーへ登録された牝馬はウオッカ一頭のみだった。

牝馬でダービーに挑むということ。実はそれ自体が、本来ならば常識ではあり得ないことなのだ。

牡馬と牝馬では、生理的に絶対能力が違う。人間にたとえるなら女子選手が男子の陸上競技に出ることに等しい。

「オーナーは、当初から（ウオッカの）ダービー出走を考えていたようですね。よく時計を計算して、勝てるはずだ……といっていましたから」（角居）

つまり、こういうことだ。ウオッカは阪神ジュベナイルフィリーズ（一分三三秒一）、その後のエルフィンステークス（一分三三秒七）、チューリップ賞（一分三三秒七）を見ても、一六〇〇メートルを一分三三秒台という時計を確実に叩き出していた。それ自体が二～三歳の牝馬としてはとてつもない数字だ。

だが、さらに残り四ハロンを五〇秒で走ったとしたらどうなるのか。

一ハロン平均一二・五秒は、ウオッカにとってはむしろ楽な時計である。これはあくまでも机上の理論だが、計算通りにいけばウオッカは二四〇〇メートルのダービーを二分二四秒台で走り切ることになる。

これは、ダービーの勝ち負けになる数字だ。実際にウオッカは、〇七年のダービーを二分二四秒五（歴代三位）、上がり三ハロン三三秒〇という好時計で走り切っている。

それでもウオッカのダービー挑戦はけっして順調ではなかった。

二歳二戦目の黄菊賞から鞍上に起用された四位洋文《しいひろふみ》も主戦として定着し、三歳春の二戦をクラシックに向けて順調に勝ち上がった時点で、ターニングポイントとなるレースが待ち受けていた。四月八日、前走のチューリップ賞から中五週を空け、万全の態勢で臨んだ第六七回桜花賞（GⅠ・一六〇〇メートル）である。

実はこのレースの前にも、角居と松田の〝師弟対決〟の話題がマスコミの間で再燃していた。

絶対的な本命に支持されたウオッカに対し、唯一の有力な対抗馬といわれたのが、松田師の管理するダイワスカーレットだったからだ。しかもウオッカは、前走のチューリップ賞ですでにダイワスカーレットに勝っていた。後のダービー出走も視野に入れ、ウオッカの陣営としてはどうしても負けられない一戦となった。

だがウオッカは、このレースをダイワスカーレットの二着と取りこぼしてしまう。陣営に、迷いが生じた。その後の進路——ダービー出走について——を再考せざるを得なくなってしまった。

角居はいう。

「実際に桜花賞が終わって、（ダービーではなく）オークスだな……という話になっていたんですよ」

牝馬がダービーに出ることの難しさは、単に能力的な問題だけではない。当然のことながら、周囲の風当たりも強くなる。

ダービーに出走できるのは、その年に三歳を迎えるサラブレッド八〇〇〇頭以上の中でわずかに一八頭。その中に牝馬が一頭喰《く》い込めば、一方で出走できない牡馬が出てくる。他の調教師からも、「牝馬でダービーに出走するのは無謀……」という批判も出はじめていた。

「ところがオーナーが、一週間おきに馬を見にきたんです。そして……この馬なら牡馬も交わせるよな……と、そんなことをいう。私はそれを見て、思ったんです。まだ、ダービーの夢を捨て切れていないのだな、と……」

角居は最後に、「ダービーとオークス、どちらに行くのか……」を谷水オーナーに確認した。だがオーナーは「まかせるわ……」のひと言を残し、栗東を去っていった。

これまでの定説によると、ダービー出走の最終決断を下したのは調教師の角居であるとされてきた。だが角居は、「それは違う」という。

「私は後悔しないように、オーナーの気持ちをちょっと後押しした。それだけだったんです」

ウオッカのダービー出走に、最終決断が下された。ところがここで、またしてもウオッカの陣営を惑わすような出来事があった。オークスの直前になり、ウオッカの最大のライバルであったダイワスカーレットが発熱のために出走を回避したのである。

オークスに出れば、勝てる。だがこの時点で、角居はオークスへの未練を断ち切るために、最終登録を行なっていなかった。もし登録していれば、「オークスに行っていただろう……」という。

「すべては運命だったのでしょう。元来がオーナー生産馬だからできた冒険です。もしオーナークラブの所有馬だったら、ダービー挑戦はとても不可能でした」

レース当日、角居には「やるべきことはやった」という自信があった。相手が牡馬であることも、むしろ気楽だった。

「それに私も、ダービーの大きさをもうひとつ理解していない調教師だったし……」

ひとつの偶然がさらなる偶然を呼び、〝運命〟という名の奔流を生む。

ウオッカによるダービー制覇は、その結果にすぎなかった。

新たなる挑戦

ダービーで鮮やかな奇跡を演じた後も、ウオッカは異例のローテーションで戦った。

まず六月二四日に第四八回宝塚記念に出走。これも三歳牝馬としては一九九六年のヒシナタリー（四着）以来、一一年振りの挑戦となった。

「ウオッカは、掛かりやすい気質を持っています。ダービーの後、もし芯《しん》が入っていれば二二〇〇は逆に流れに乗りやすいと考えたんです。距離が合うかどうかも試してみたかったし……」

だがこの宝塚記念は、古馬と三歳牝馬の力の差に加え、〝揉《も》まれ弱さ〟という欠点を露呈して八着と惨敗してしまった。その後はフランスに渡り凱旋門《がいせんもん》賞への出走――これも三歳牝馬としては異例だった――を予定していたが、八月に入って右後肢に蹄球炎《ていきゅうえん》を発症。幸い症状は軽かったが、出走を断念せざるをえなかった。

　ウオッカはまるでダービーで燃えつきたかのように、勝ちに見放され続けた。秋は久々、三歳牝馬のクラシック戦線に復帰し、秋華賞に出走するが、またしてもダイワスカーレットの三着と凡走。さらにジャパンカップ（四着）から年末の有馬記念（一一着）というローテーションを組むが、満足のいく成績を残せなかった。

　この起用を三歳牝馬としては異例――もしくは奇策――のひと言で断ずるのは簡単だ。だが、その裏には角居の苦悩が見え隠れしている。牝馬でダービーを勝ってしまった特別な馬だからこその、起用の難しさだ。

「ウオッカは、ダービーの前に完成されてしまった馬なんです。馬には元々、波がある。そのきれいな波を、リズムを合わせて使ってやらなくてはならない。しかし、正直なところ、三歳の夏場から使うレースがなくなってしまった。有馬が終わって、（オーナーと）来春はどうしようかという話になった。馬体も大きく、能力も高い馬なので、まず広い競馬場でのびのびとレースをやらせてあげたかった。それでドバイから、東京のヴィクトリアマイルと使うことにしたわけです」

　ウオッカに復活の兆しが見えはじめたのが、二〇〇八年三月二九日のドバイデューティーフリー（ナドアルシバ競馬場）だった。

レースを前に、角居はここでひとつの決断を下している。デビュー二戦目から主戦を務めた四位に替え、鞍上に武豊《たけゆたか》を起用したのだ。

角居は元来、馬によって様々な騎手を積極的に起用する調教師としても知られている。武への乗り換わりも理由は「ドバイに実績のある騎手を……」と発表されたが、一方で「ウオッカの現状を打開するためのカンフル剤」の役割を期待したことは十分に考えられる。

だが、ドバイへの挑戦もけっして順調とはいえなかった。レースの前々日になって、主催者側から日本から持ち込んだ蹄鉄《ていてつ》の使用禁止を申し渡されたのである。角居は大慌てで現地で蹄鉄を探し、たまたまウオッカに合うものを見つけてそれで間に合わせた。

「日本馬が結果を出せば、アウェーではさらに条件がきつくなる。ドバイ、さらにアメリカやヨーロッパにとって、日本は〝招かれざる客〟になりつつあるんです。日本の競馬のレベルが上がった証拠です」

それでもウオッカは好走した。

世界の強豪を相手に四番手の好位を守り、最終コーナーを回ったところで一瞬あわや――と思わせる場面もあった。直線では、交わされても差し返そうとする気迫を見せた。

結果は四着に終わったものの、角居に「力がついたな……」と思わせるレースだった。

そして五月一八日、第三回ヴィクトリアマイル（GⅠ・一六〇〇メートル）――。

四歳上牡馬限定オープンという久々の自己条件に戻ったウオッカは、ここでも新たな可能性を垣間《かいま》見せた。

鞍上の武豊は、それまで掛かり気味で好位からの競馬を余儀なくされたウオッカを馬群の中に包み込み、中団より後方に待機。直線でも一拍遅らせて追い出すという新たな競馬を試みている。結果は優勝したエイジアンウインズに僅《わず》かに届かず二着に終わったが、我慢することを教えようとする明確な目的を感じさせる騎乗だった。

「今後のことは、まだ決めてはいません。春は東京の安田記念に行くのか。それとも、昨年と同じように宝塚記念に行くのか……」

だが、あえて角居は付け加えた。

「馬場や距離、すべての条件を考え合わせれば、ウオッカがもっとも向いているのは東京で行なわれる秋の天皇賞（GI・二〇〇〇メートル）かもしれない」

秋の天皇賞が東京の二〇〇〇メートルとなったのは一九八四年。以来、このレースに勝った牝馬は九七年のエアグルーヴと二〇〇五年のヘヴンリーロマンスだけだ。

角居の野望が、見えてきた。もしウオッカが天皇賞（秋）に勝てば、史上三頭目。さらに戦後初の〝ダービーと天皇賞の両レースを制覇した牝馬〟が誕生することになる。

普通とは何か。

当たり前とは何なのか。

角居は自著『勝利の競馬、仕事の極意』の中でそう前置きしたうえで、次のように書いている。

〈――「角居流」と呼ばれるものがもしあるとしたら、何が普通なのかを一生懸命考え、当たり前と思えることをていねいに実行していくことかもしれない――〉

力があるなら、さらに上を狙う。それはウオッカが〝牝馬である〟という概念を捨てることからはじまる。


【追記】ウオッカは二〇〇八年の天皇賞（秋）に勝利し、晴れて〝戦後初のダービーと天皇賞を制覇した牝馬〟となった。繁殖牝馬時代は七頭の産駒を世に送り出したが、二〇一九年三月、イギリスで種牡馬との交配中に右後肢の粉砕骨折が判明。四月一日に安楽死となった。

ターフを駆ける恋

イクノディクタス

Ikuno Dictus

意外性

馬群が最終コーナーを回った。

歓声はひときわ熱気を帯び、初夏の府中の空を揺るがした。

平成五年五月一六日第四三回安田記念（GⅠ・東京芝一六〇〇メートル）は、間もなく最高潮を迎えようとしていた。

長い直線に入り、絶好の手応《てごた》えで先頭に立ったのは安田記念二連覇を狙《ねら》うヤマニンゼファーだった。二番手争いはシンコウラブリイ、招待馬のキットウッド、ロータスプールらが交互にハナを奪いあう激戦となった。一番人気のニシノフラワーは七番手あたりからこれを追うが、脚色に精彩を欠いていた。

その時だった。馬群を割って、他を圧倒する勢いで先頭集団を追走する一頭の栗毛《くりげ》の姿があった。

最終コーナーまで最後尾に甘んじていた人気薄の牝馬《ひんば》、イクノディクタスである。

イクノディクタスは中団でもがくニシノフラワーを並ぶ間もなく交わし、さらに上位に迫る。脚色はゴールが近くなるにつれて、ますます上昇の一途をたどった。

鞍上《あんじょう》の村本善之《むらもとよしゆき》をはじめ、このレースを見ていた誰《だれ》もが「まさか……」という一言を思い浮かべたことだろう。イクノディクタスは、この日、それほどまでに注目されていなかったのだ。

だが、かつて女傑とまでいわしめた鬼脚は一年ぶりに爆発した。そのままシンコウラブリイ以下の馬群を一気に突き抜け、次の瞬間には二着でゴールラインに飛び込んでいた。馬連は、日本のGI史上に残る六万八九七〇円という記録的な大穴となった。

物事は期待どおりにはいかないものだ。とくに、競馬にはそれが当てはまる。もし名馬といわれる馬がすべて期待どおりの結果を残すのであれば、競馬という文化は成り立たない。それ以前に、誰もが興味を失う。

だが期待は、時として予想以上によい方向に裏切られる場合もある。イクノディクタスは、まさにそんな馬であった。

村本はいう。

「あの時（安田記念）はまったく期待していなかった。とくに休養明けは、これまですべて着外（日経賞六着、大阪杯六着、天皇賞九着）と、見せ場を作れなかったからね。だから逆に、あのレースは最後方から強襲するという思い切った作戦がとれた。それがうまくはまったんだな」

それにしても不思議なのは、なぜあの馬券が七万円近い大穴になったのかという根拠である。一着になったヤマニンゼファーは当日二番人気。イクノディクタスは全一六頭中一四番人気だった。

単に「牝馬だから」という理由だけでは、この評価の低さを説明できない。事実、一番人気に推されていたニシノフラワーもまた、牝馬である。しかも、当時イクノディクタスは、そのニシノフラワーと賞金女王の座を争っていたのである。

意外性――。

大穴を開ける馬を語る時に、必ず使われる便利な言葉だ。だがイクノディクタスは、その一言では語り尽くせない〝何か〟を持っていた。

高田栄治の小さな期待

高田牧場は北海道浦河町《うらかわ》の山裾《やますそ》に位置する一〇町歩ばかりの小さな牧場である。場主の高田栄治はこの牧場で生まれ、長年サラブレッドにかかわってきた。現在は八頭の繁殖牝馬を世話し、年に五、六頭の競走馬を生産する。

その高田のところに、繁殖牝馬ダイナランディングの話がもちかけられたのは昭和五八年の秋のことだった。

当時ダイナランディングは社台ファームの持ち馬で、腹にニチドウアラシの仔《こ》を宿していた。現役時の戦績は平場で八戦一勝と目立たない馬だったが、繁殖用としては悪い血統ではなかった。高田は翌年に生まれる仔馬の〝仔分け〟という条件で、このダイナランディングを引き取ることにした。

初年度の産駒《さんく》はまずまずだったが、どちらかといえば高田好みの馬ではなかった。そこでその年の春、高田はダイナランディングにファイントップ系のディクタスをつけてみることにした。

ダイナランディングはノーザンテーストを父に持つノーザンダンサー系である。この配合ならば危険なクロスもなく、脚質的にも相性はよさそうだ。ノーザンダンサー系のスタミナと頑健な体にファイントップ系のマイラーとしてのスピードが加われば、理想的な仔馬が生まれると考えた。

思惑どおり、翌年に生まれた仔馬は、後にノースライトとして東海地方競馬で活躍することになる。

高田はこの配合を気に入っていた。気に入ったものはとことん追求するのが高田のやり方である。以後五年連続して、ダイナランディングにディクタスをつけた。その二年目に生まれた牝《めす》の仔馬が、イクノディクタスである。昭和六二年四月一六日のことである。

ダイナランディングは小さな牝馬だった。それに似てイクノディクタスもけっして大きな仔馬ではなかったが、体はきわめて健康で動きも機敏だった。それに何よりも顔がいい。顔つきに品のある馬は、レースでも走るものである。

そんなイクノディクタスに、高田はある意味で、〝期待〟をしていた。とはいっても、それほど大それた期待ではない。せいぜい「平場で二つ三つ勝ってくれないだろうか」というささやかな望みである。

高田のように小さな牧場主は〝一生に一度でもいいから重賞に勝つような馬を作りた

い〟という夢を持っている。一生、重賞馬に縁のない者はいくらでもいる。まさかその夢を、イクノディクタスがかなえてくれようとは、考えてもみなかった。

イクノディクタスは、その年に生まれた他の仔馬と同じように育てられた。二歳になると分場に移され、そこで毎日のように走り回って体を鍛えた。

「とにかく仔馬には（飼葉を）食わす。イクなんか太りすぎて、ブタ飼ってんのかって仲間にいわれたこともある。あとは勝手に運動させるんだ。それがうち（高田牧場）のやり方なんだ」

高田牧場は、競走馬の生産牧場としては条件はよくないという。特に分場は土地が硬く、荒れている。

だが逆に、そのような場所を走ることによって、馬は強くなる。生涯五一戦を故障することなく走り続けたイクノディクタスの頑健な体は、この高田牧場の分場なくしては育たなかった。

昭和六三年秋、イクノディクタスは市場を待つことなく買い手がついた。後に賞金女王となるほどの馬としてはきわめて安価だったが、高田牧場にすれば貴重な現金収入であった。

それがイクノディクタスの、高田に対する最初の親孝行だった。

涙のエリザベス女王杯

平成元年七月二三日、イクノディクタスは福島信晴厩舎《ふくしまのぶはるきゅうしゃ》から小倉の新馬戦（芝一〇〇〇メートル）にデビューした。

鞍上は西浦勝一《にしうらかついち》。西浦はスタート直後から二番手の好位置をキープし、直線で難なく差し切った。完勝である。

さらに西浦とイクノディクタスのコンビは、続く八月一九日の小倉フェニックス賞も連勝し、一躍周囲の注目を集めるようになった。

よく、新馬戦から順調に勝ち上がる馬を、早熟な馬、ということがある。だがその言葉には、様々な要因が含まれている。

単に体の成長が早いだけという馬もいれば、新馬戦に多い短距離に強い馬もいる。また最初からレースの何たるかを理解している頭のよい馬や、明らかに能力に優れている馬もこれに当てはまる。

競走馬がデビューし、新馬勝ちする確率は約一〇分の一の狭き門だ。さらに二連勝する馬は、百頭に一頭ともいわれる。だがそれだけでは、単に早熟な馬なのか、それとも本当に能力の高い馬なのかを判断することはできない。

イクノディクタスは頭のよい馬だった。しかも母方から受け継ぐノーザンダンサー系は、古馬になってからも成長する良血統である。当然イクノディクタスに対する関係者の期待は高まった。だが第三戦の小倉三歳ステークス（GⅢ・芝一二〇〇メートル）に九着と敗れた後、イクノディクタスは長いスランプに陥ることとなった。

　四歳（旧齢）になってもイクノディクタスはまったく勝てなかった。賞金の獲得額で桜花賞（GⅠ・阪神芝一六〇〇メートル）、オークス（GⅠ・東京芝二四〇〇メートル）の各クラシックには出走できたが、いずれも一一着、九着と惨敗した。三歳の秋から四歳のオークスまで全八戦し、一度も連対すらしないという最悪のレース内容は、デビュー以来二連勝した当時には考えられないものだった。

　単に早熟なだけの馬だったのか。誰もがそう思い始めていた。オークスに敗れたのを機に、四カ月半の休養に入る。後に主戦騎手となる村本が「最高の相棒」と評するイクノディクタスに出会ったのは、その頃《ころ》だった。

「最初にまたがったのは、（平成二年）九月三〇日のサファイヤステークス（GⅢ・中京芝一七〇〇メートル）の前の追い切りの時だったと思う。とくに凄《すご》い馬だとは感じなかったし、まったく期待はしていなかった……」

　だが、イクノディクタスは走った。当日は不良馬場ということもあり、村本はハナを切ったが、最終コーナーを回っても脚色は衰えなかった。結果は直線で差され三着に終わったが、久し振りの好走だった。

　続く一〇月二一日、京都のローズステークス（GⅡ・芝二〇〇〇メートル）でも一〇番人気ながらハナ差の二着に入り、穴を開けた。

勝ちこそはしないまでも、調子は完全に上向いてきている。そして一一月一一日、浦河の小さな牧場で生まれた栗毛の牝馬は、エリザベス女王杯（GⅠ・京都芝二四〇〇メートル）で三度目のGⅠに挑むことになった。

高田栄治はこの日、馬主の勝野憲明の招待で京都競馬場の貴賓室で観戦していた。サラブレッドの生産にかかわって三〇年以上になる高田だが、もちろん初めての経験だった。

「あの時は泣けてね。周りの人に恥ずかしいほど涙が出て、止まらなかった。こんなに小さな牧場で生まれた馬がGⅠを走るなんて、夢みたいだった。牧場やってて、本当によかったと思ったよ」

涙でレースが見えなかった。イクノディクタスは四着だった。

仲間が「掲示板に載ったぞ」と叫んでくれて、頭が真っ白になった。涙がまた溢《あふ》れ出した。

それがイクノディクタスの、二度目の親孝行であった。

猛追

好走はするが、勝てない。それが四歳のイクノディクタスに与えられた評価だった。

エリザベス女王杯の後、二カ月半の休養に入り、五歳となった平成三年は一月二七日の京都牝馬特別（GⅢ・芝一六〇〇メートル）から始動した。だが、これも七着と敗れる。騎手は村本から松永昌博《まつながまさひろ》に乗り替わっていた。

イクノディクタスが三勝目を挙げたのは、その三戦後、同じく鞍上松永で臨んだ三月二三日の京都、コーラルステークスである。三歳時の八月に二勝目を挙げて以来、実に一年七カ月振り、一五戦目の勝利であった。

頭のいい馬ではあるが、反面イクノディクタスは牝馬ならではの気難しい馬でもあった。普段はおとなしいのだが、機嫌が悪い時には馴《な》れている厩務員《きゆうむいん》にも体すら触らせない。福島厩舎の鈴木調教助手は、追い切りの時などに何回か振り落とされたことがある。動きが鋭く、左に旋回し、フェイントをかけて騎手を落とす。村本も本馬場入場の時にこれをやられ、あやうく降馬という経験をしている。

この気性のムラと強さが、そのままレース結果に出てしまう。コーラルステークスの後、京王杯スプリングカップは、慣れない東京コースが気に入らなかったのか一一着と大敗。だが次の五月一二日、京阪杯（GⅢ・京都芝二〇〇〇メートル）は、その性格がいい方向に働くことになる。騎手は再度村本に乗り替わっていた。小雨が降り、馬場は稍重《ややおも》だった。イクノディクタスは珍しく出遅れ、先頭から一〇馬身以上後方からの競馬となった。

ところがそれが、イクノディクタスの〝気の強さ〟に火をつけてしまったのかもしれない。一コーナーまでに中団の後方あたりにまで位置を回復し、そこから猛追が始まった。

「あの時はダメかと思った。ところが直線に入って、さらに伸びた。こういう脚を使えるのかって、乗っている自分が驚いた」

最終コーナーを抜けた時点でまだ七番手あたりだった。だがイクノディクタスは、そこから一息に上位を差し切って重賞初勝利を挙げた。

偶然であった。出遅れたことによって、村本は大きな発見をした。

それまでは好位からの差しを勝ちパターンとしていたイクノディクタスに、後方からの強襲という新たな可能性が広がったのである。そしてこの発見が、二年後の安田記念への大きな布石となった。

この日も高田は、京都で観戦していた。

「恥ずかしい話だけれどね。勝った瞬間に〝ザマミロ〟って叫んでた。こんな俺《おれ》でも、重賞馬を作れるんだってね」

高田は馬を「めんこい」という。馬の価値は「根性だ」ともいう。その高田にとってイクノディクタスは、まさにめんこく、根性のある馬に他《ほか》ならなかった。

そしてイクノディクタスが高田に与えてくれた感動は、これだけでは止まらなかった。

メジロマックイーンとの〝奇妙な噂〟

通常牝馬は、後の繁殖を考えて、牡馬よりも早く引退する。

長い期間酷使されれば、それだけ出産に必要な体力を回復するのにも時間がかかる。サラブレッドにはレースで走るという仕事の他に、優秀な血を未来に残すという重要な役割があるからだ。

だがイクノディクタスは走り続けた。もちろん、繁殖のことを考えなかったわけではない。ただ五歳までの二五戦を無故障で戦い抜いた体力が、牝馬として平凡な道を歩むことを拒ませたのである。そして六歳を迎え、ついにその能力は本格化することになった。

春先は例のごとくムラのある結果が続いた。だが、その頃になると、関係者の誰もが気づいていた。

牝馬にはありがちなことだが、イクノディクタスもやはり〝夏の馬〟であった。三歳時に二勝を挙げたのも夏だった。未勝利に終わった四歳時は、夏に休養に入っていたからだった。そして五歳の夏は、初の重賞勝ちをものにし、その後も好結果を残している。

平成四年五月三〇日、イクノディクタスはエメラルドステークスを勝って勢いをつけた。その後六月二一日の金鯱賞（GⅢ・中京芝一八〇〇メートル）では珍しく一番人気に応え、重賞二勝目を挙げる。続く高松宮杯（GⅡ・中京芝二〇〇〇メートル）には一二着と惨敗したが、八月三〇日小倉記念（GⅢ・芝二〇〇〇メートル）、九月二〇日のオールカマー（GⅢ・中山芝二二〇〇メートル）と重賞に連勝した。

屈強の牡馬を向こうに回し力でねじふせるその姿に、ファンは畏敬《いけい》の念を込めて、「女傑」「鉄の女」などの称号を与えた。

だが秋になり冷たい風が吹く頃になると、イクノディクタスはまた勝てなくなる。ただ気難しいだけの、並の牝馬に逆戻りしてしまう。そしてイクノディクタスが七歳になった五月。人々は忘れていたのだ。あの安田記念は、女傑イクノディクタスが最も好きな初夏だったことを。

この安田記念と前後して、競馬界に奇妙な噂《うわさ》が流れるようになった。正確にいえば、その二戦前の大阪杯の直後からである。

そのレースでイクノディクタスは、時代の最強馬メジロマックイーンと初めてターフで顔を合わした。結果はメジロマックイーンが一着で、イクノディクタスは六着に終わった。ところがそのメジロマックイーンが、どうもイクノディクタスのことを「好きらしい」というのである。

噂はまことしやかにファンの間にまで広まった。

メジロマックイーンの主戦騎手武豊は、確かにこの噂が事実であることを関係者の間に認めている。イクノディクタスを見ると興奮するので、なるべく馬場では近づけないようにしていた、というのである。

この話が本当かどうかはわからない。だが、時代の最強馬同士の恋の噂は、ともすれば勝負の厳しさに終始しがちなターフに、暖かな一輪の華を添えてくれた。

安田記念の熱がまだ冷めやらぬ六月一三日の宝塚記念（GI・阪神芝二二〇〇メートル）――。

イクノディクタスはそのメジロマックイーンと共にこれに出走した。あの二着がフロックと思われたのか、イクノディクタスは八番人気と低い評価だった。

レースはメジロマックイーンのペースで運んだ。序盤から好位につけていたメジロマックイーンは最終コーナーであっさりと馬群を抜け出し、先頭に立った。まったく危なげない走りだった。

その時点でイクノディクタスは、まだ七番手あたりの後方集団にいた。だがここからその末脚に火がついた。村本によって大外に持ち出されたイクノディクタスは、メジロマックイーンを猛追し始めたのである。

その時、関西テレビの名アナウンサー杉本清は放送の中で名調子を残している。

「外からまたまたイクノディクタスだあ～」

武豊がメジロマックイーンの背で勝利のガッツポーズを決めた。

イクノディクタスはその雄姿につきしたがうように、二着でゴールを走り抜けていた。

母として

その年の一一月二四日、イクノディクタスは引退した。

七歳時はテレビ愛知オープンに一勝。最後のレースは一一月一四日の富士ステークス（八着）であった。

生涯戦績は五一戦九勝、二着八回。その間にイクノディクタスは、ただの一度たりとも故障しなかった。

勝率は平凡だが、長くやっていればいろいろなことがある。いつの間にかライバルだったニシノフラワーを抜き、賞金女王の座を手に入れていた。

それにしてもイクノディクタスは、なぜ人気が低かったのだろうか。これほどの活躍をしていながら、一番人気はたった三回しか記録していない。

成績にムラがあった。なぜか体重が増えている時によく走った。京都などの特定のターフを好み、調教で手を抜く術《すべ》を知っていた。

だがそれ以上に、我々は特定の観念でイクノディクタスを判断していたように思える。

この馬は走るために生まれてきたのではない。一つの生命体としてもっと大切な役目、子孫を残すことこそ本懐としていた。競走馬というよりも、母としての観念があまりにも強すぎたのだ。

北海道の小さな牧場で生まれた牝馬は、五年間の歴戦を終え故郷に戻ってきた。その後は静内町《しずないちょう》の山裾にある五丸農場に供用されて繁殖牝馬となった。

高田牧場と同じように小さな牧場である。場主の五丸忠雄は、宝のように大切にした。

「二歳の秋に初めて見たんだ。走るという印象はなかったな。むしろ繁殖用として期待していた。馬主さんと、引退後は（繁殖に）あげてもらえるように約束していた。ところが勝っちゃうもんで、なかなか来なくてね。もううちには来ないんじゃないかって、心配だった」

これだけの牝馬である。引退後は社台などの大手からも引き合いがあった。だが馬主の勝野憲明は、五年前の五丸との約束を忘れていなかった。

平成七年五月一一日、イクノディクタスは初仔を産み落とした。母に似た栗毛の小柄な牝馬だった。

父は、あのメジロマックイーンである。

【追記】平成一〇年一月一一日。イクノディクタスの初仔、メジロマックイーンとの間に生まれたキソジクイーンが京都競馬場にデビューした。鞍上はかつての父の盟友・武豊だったが、残念ながら一〇着に終わっている。

イクノディクタスは二〇〇八年に繁殖から引退。その後は功労馬として幸せな余生を過ごし、二〇一九年二月に老衰のために死亡した。

偉大なる母の遺産

エアグルーヴとアドマイヤグルーヴ

Air Groove
Admire Groove

宿命

宿命、という言葉がある。

〈――前世から定まっている運命――〉という意味である。

この世には、宿命を背負って生を受けるごく少数の、限られた者がいる。彼らは生まれながらにして平凡であることを拒む。あるときには注目され、またあるときには賞賛を浴びながら、周囲の者をすべて自らの運命によって導く資質を備えている。

二〇〇二年（平成十四年）一一月一〇日、京都四レースの新馬戦（芝一八〇〇メートル）に、一頭の牝馬《ひんば》が出走した。その注目度の高さは、この時季の新馬戦としては異例ともいえるものだった。

当日のオッズは出走一四頭中、一番人気。しかも一・二倍という数字がその期待の大きさを物語っている。

レースは序盤から一頭の牡馬が逃げ、スローペースになった。能力の高い新馬には、やりにくい展開だ。

だが、そうした心配は杞憂《きゆう》だった。〝彼女〟は鞍上《あんじょう》に名手武豊《たけゆたか》を従え、落ち着いて好位から追走すると、最後はいとも当然のように先頭を交わして見せた。一馬身二分の一という着差以上の完璧《かんぺき》な圧勝劇により、〝彼女〟は宿命を背負った特別な存在であることを周囲に証明した。

伝説の第二章は幕を開けた。〝彼女〟の名はアドマイヤグルーヴ。父は稀代《きたい》の名種牡馬《しゅぼば》として知られたサンデーサイレンス。そして母は、あのエアグルーヴである。

母の威光

アドマイヤグルーヴを語るうえで、まず触れなくてはならないのが母のエアグルーヴだろう。

日本の競馬史上〝女傑〟と呼ばれた豪牝《ごうひん》は数限りない。だが、牡馬と対等に渡り合い、時代の競馬シーンの頂点に君臨した牝馬となるとほとんど存在しない。

その中でエアグルーヴこそは、まぎれもなく歴代最強牝馬と呼ぶにふさわしい逸材だった。

エアグルーヴの記憶は、まだ我々の脳裏から消え去っていない。

牡馬を想《おも》わせる広い肩幅。厚い胸。強靭《きょうじん》なトモ。澄んだ双眸《そうぼう》には常に牡馬をもしのぐ闘争心を秘めていた。それでいて、牝馬ならではの気品と優雅たることを忘れなかった。

調教師・伊藤雄二《いとうゆうじ》は「生まれた翌日にあの馬を見たとき、それまでの馬とはまったく異質な衝撃を感じた……」という。その意味では母のエアグルーヴもまた、宿命を背負って生まれた存在であったのかもしれない。

　生涯戦績（一九九五年〜九八年）は一九戦九勝。うちＧⅠ二勝。クラシック緒戦の桜花賞を熱発のため回避し、ほぼぶっつけ本番で臨んだオークスで母ダイナカールに続く母娘《おやこ》二代制覇を成し遂げた。

　そのエアグルーヴがもっとも輝いたのは、主戦の武豊と共に「牝馬には不可能」といわれる中長距離のＧⅠ戦線を戦った五歳（旧齢）の秋だろう。特に一〇月二六日の天皇賞では、当時最強牡馬といわれたバブルガムフェローを力でねじふせ、牝馬としては一七年振りとなる天皇賞馬の栄冠を手に入れた。

　その後もＪＣ二着、有馬記念を三着と好走し、並みいる牡馬をしりぞけて、この年（九七年）の年度代表馬に選ばれている。

　エアグルーヴは、九八年の有馬記念の五着を最後に引退した。母ダイナカールは、社台の至宝ノーザンテーストを父に持つノーザンダンサー系。父は凱旋門《がいせんもん》賞馬トニービン。この社台グループの申し子のような血統を持つ名牝の相手として選ばれたのは、当時不動のリーディング・サイアーの地位に君臨するサンデーサイレンスだった。

　二〇〇〇年四月三〇日、午後六時三〇分——。

　かつて最強牝馬と呼ばれたエアグルーヴは北海道早来《はやきた》のノーザンファームで、一頭の牝《めす》の仔馬《こうま》を産み落とした。母と同じ輝くような鹿毛《かげ》の仔馬だった。

　額の鮮やかな流星、白い鼻、そして美しい顔立ちもすべて母にそっくりだった。エアグルーヴは確かに現役時代に一流牡馬以上の戦績を残している。だが、管理者の伊藤はけっして無理をさせていない。その事実を証明するように、欠点のない、健康な仔馬だった。それが後のアドマイヤグルーヴである。

かつての伊藤がそうであったのと同じように、やがてこの仔馬を管理することになる調教師、橋田満《はしだみつる》もまた、生後間もなくノーザンファームに見に行っている。

「上品な仔馬でしたね。私は母のエアグルーヴに関しては、成長してからしか見ていない。そのせいか、どうしても男まさりの馬という印象が強かった。しかし仔馬は、顔も姿もきれいで、女らしい馬でした。血統だけでも惹《ひ》きつけられるのに、絵になるタイプの馬でもありました」

そのとき、橋田の脳裏にあったのは、あのサイレンススズカだった。熾烈《しれつ》なまでに栄光の中を疾《はし》り抜け、一九九八年の天皇賞で逝《い》った運命の愛馬である。

牡《おす》と牝の違いはあるが、二頭とも同じサンデーサイレンス産駒である。しかも、どちらも人を惹きつける魅力を持っていた。サイレンススズカはただ速いだけでなく、魅《み》せる競馬のできる数少ない馬の一頭だった。

魅力のある者は、すべからく美しい。

橋田は、そのときすでに、アドマイヤグルーヴとの夢の第一歩を踏み出していたのかもしれない。そして、母に甘えるいたいけな仔馬の姿の中に、〝宿命〟のひと言を感じ取っていた。

アドマイヤグルーヴは、生まれたときから人を振り向かさずにはいられない馬だった。その特異な能力は、生後わずか三カ月後の七月一〇、一一日、日本、いや世界のサラブレッドマーケットを揺るがすほどの〝事件〟を引き起こすことになる。舞台は、ノーザンホースパークで開催された第三回セレクトセールである。

『社団法人日本競走馬協会』が主催するセレクトセールは、毎回五〇億円規模の売り上げが記録される日本最大の競走馬市場である。また平均落札価格が〝世界一高額な市場〟としても知られている。

基本的には公共の立場をとる市場ではあるが、事実上は社台色がきわめて強い。実際に社台グループの上場馬が全体の約半数、さらに五〇〇〇万円以上の高額馬においては九割近くを占めている。

例年の目玉は、やはりサンデーサイレンス産駒《さんく》である。

元来サンデーサイレンスは、シンジケートの株主が自己所有の繁殖に付けることが多く、その産駒はほとんど市場に流出しない。いうならば、セレクトセールはサンデーサイレンス産駒の一線級を手に入れることができる唯一の市場なのである。それだけに、日本中のみならず世界からバイヤーがこのセールに集結する。

この日もエアグルーヴの前オーナー吉原毎文《よしはらつねぶみ》と調教師の伊藤雄二《ゆうじ》、アドマイヤの近藤利一《こんどうりいち》と橋田満、モハメド殿下率いるゴドルフィングループの代理人など、錚々《そうそう》たるメンバーが顔を揃《そろ》えていた。その視線の先には一頭、セールの目玉として上場された〝エアグルーヴの二〇〇〇〟がいた。

エアグルーヴの二〇〇〇のセリは、異様な熱気を帯びてはじまった。上場番号三三番。かつての最強牝馬はその闘争心を母としての威厳に置き換え、仔馬を守るようにゆっくりとパドックを回った。会場にいたすべての者が息を飲み、その視線が二頭に注がれた。

スタートは七〇〇〇万円。そこから一〇〇〇万単位で値が上昇していく。一億は単なる通過点にすぎなかった。一億五〇〇〇万円で、吉原毎文の手が上がった。それがエアグルーヴの前オーナーとしての冷静な評価だった。

だが、セリは止まらない。やがてセリ値は牝馬としての日本記録（〝ステラマドリッドの九八〟一億七五〇〇万円）をも超え、未知の領域である二億円の壁も突破した。

その中で、ひと際強気で押したのがアドマイヤの冠で知られる近藤利一だった。

近藤は、名牝の初仔に特別な思い入れを持つ馬主として知られている。それ以前にもベガの初仔アドマイヤベガを手に入れ、前年にはダービーを勝っていた。最後は近藤から二億三〇〇〇万円の声が掛かり、落札が決まった。

橋田はいう。

「あの瞬間、ほっとしました。オーナーはエアグルーヴが繁殖に上がったときから（初仔を）ほしいといっていましたから」

それにしても、二億三〇〇〇万円である。

仮にこれを賞金だけで回収しようとすれば、約六億円を稼がなくてはならない計算になる。もちろん牡馬ならば、それほど非現実的な数字ではないかもしれない。賞金に加え、引退後の種牡馬としての価値を考えれば、ペイできる可能性ははるかに高くなる。実際に同年のセレクトセールでも、同じサンデーサイレンス産駒の牡（フランクアーギュメントの二〇〇〇）が三億二〇〇〇万円という当歳馬としては国内史上最高額で落札されている。

だが、エアグルーヴの二〇〇〇は牝馬なのだ。レースの賞金においても、後の繁殖としての価値を考えても、その経済的な可能性は限定的なものとなる。

通常、牝馬の価格は同じ血統でも二分の一以下。その意味ではエアグルーヴの二〇〇〇の価格を一億五〇〇〇万円と踏んだ吉原側の判断は、当を得たものであったといえるだろう。

だが近藤は、それよりも八〇〇〇万円も高額で落札した。なぜなのか。

もちろんその根底には、エアグルーヴの二〇〇〇が持つ〝特別な血統〟があったことは否定できない。

ガーサント、ノーザンテースト、トニービンと続く社台本流の血統に、サンデーサイレンスの配合。すなわち、それは二〇世紀における社台グループの英知の結晶であり、ひいては日本馬産界における現時点での最高の血統にほかならない。もし、この血統で牡であったとしたら、あの当時でも四億円を越えていてもおかしくはなかった。

そして、もうひとつ理由がある。それは、〝夢〟の投資ではなかったのか。

ＧＩへの夢。クラシックへの夢。祖母ダイナカールから母娘三代に受け継がれるオークス馬への夢。そして、日本最高の血統を後世に残すという夢である。

橋田満は、その夢を具現化するための手腕を問われることになる。

「本来ならば、（アドマイヤグルーヴは）セリに出るような馬じゃないんです。それほどの馬ですから、物事を客観的に見て進めていくべき必要があります。もちろんプレッシャーはありますが、むしろそれがなくてはいけない。プレッシャーがあるからこそ、やりがいがあるんです。それが責任感につながっていく」

エアグルーヴの二〇〇〇の名は、一般に公募された。あえて近藤の冠名であるアドマイヤにはこだわらなかった。

だが、多くのファンの意志により、その名はアドマイヤグルーヴに決定した。

武豊の夢

落札が決まった時点で、すでに将来の騎手は武豊に決定していた。

武は母のエアグルーヴの主戦も務めていた。さらにアドマイヤベガでダービーを制するなど、アドマイヤの馬にも関連が深いという経緯もあった。

宿命を背負った馬と日本一のスター騎手の組み合わせ。この起用はむしろ当然だった。

橋田は、すぐにその報を武に知らせた。

「豊は、喜んでいましたね。彼としては黙っていても自分のところに話が回ってくるとも思っていたのでしょうけれどね。しかし、あれだけの馬の騎乗を持ちかけられて、うれしくない騎手はいませんよ」

橋田厩舎に入厩《きゅうしゃ》し、始動すると、アドマイヤグルーヴはさらにその注目度を高めていった。とにかく、誰《だれ》の目をも惹きつける天性の魅力を持っていた。結果的にセリで落とすことはできなかったが、伊藤雄二師もアドマイヤグルーヴに魅せられたひとりだった。

伊藤は、栗東《りっとう》での調教を静かに見つめながら、

「エアにそっくりだ。走り方まで似ている」

と感慨深げに呟《つぶや》いた。

武豊が初めてアドマイヤグルーヴの背に乗ったのは、新馬戦の前の追い切りだった。コースから帰ってきた武は、興奮気味に橋田にまくしたてた。

「凄《すご》い。エア以上かもしれない……」

次から次へと口を突いて出る言葉は、普段の武からは聞けないような、このうえない馬への賛辞ばかりだった。

実は武豊と橋田厩舎の間には、母エアグルーヴを挟んでちょっとした因縁《いんねん》があった。話は九八年にまで遡《さかのぼ》る。この年の夏の宝塚記念で、武は主戦を務める二頭の馬のどちらに騎乗するか、二者択一に悩まされることになった。一頭はエアグルーヴ。もう一頭は橋田厩舎のサイレンススズカである。

もし武が単純に宝塚記念の勝利にこだわるのであれば、すでに全盛期を過ぎていたエア

グルーヴではなく、当時絶頂期を迎えていたサイレンススズカを選んだはずだ。だが、武の選択は、それまで足掛け四年に渡り苦楽をともにしたエアグルーヴだった。

「別に豊がサイレンススズカをソデにしたというわけではないんです。先に出走が決まっていたのは、エアグルーヴのほうだったんですから。通常、このような場合、騎手は先約を断らないものなんです」（橋田）

だが、いずれにしてもGIの勝ち負けがかかる馬だけに、武は苦渋を強いられたことだろう。

もちろん、愛着もある。このとき、橋田はサイレンススズカに急遽《きゆうきよ》、南井《みない》克巳《かつみ》を擁している。だが武は、サイレンススズカが難しい性格の馬であることを察し、自らの勝負を度外視して南井にその乗り方についてアドバイスしたという。

結果は南井のサイレンススズカが逃げて圧勝し、武とエアグルーヴは三着に終わった。

武が初めてアドマイヤグルーヴに接したとき、あの宝塚記念の日のことを思い出したかどうかは定かではない。だが、武の味わった感触は確かにあの日のエアグルーヴの再来であり、かつ「乗ることのできなかった」サイレンススズカと同じサンデーサイレンスの秀作だった。

もしあのとき、この馬が一頭いれば。そんな想いが武の脳裏を過《よ》ぎったとしても不思議はない。

武もまた、アドマイヤグルーヴという馬の宿命に夢を見るひとりだった。

エリカ賞

〇二年一二月七日、阪神――。

新馬戦を難なく勝ち上がったアドマイヤグルーヴは、武豊とともに第二戦のエリカ賞(芝二〇〇〇メートル)に向かった。

本来、二歳冬を迎えたばかりの馬にとって、二〇〇〇メートルはかなりきつい競馬を強いられる距離である。特に混走の中での牝馬となると、メンバー如何《いかん》にかかわらず不利であることは明らかだ。事実、この日のレースでも、全八頭中三頭の牝馬のうち二頭までが、最下位と七着に敗れている。

橋田があえてデビュー二戦目にこのレースを選んだ背景には、やはり血統という裏付けが見え隠れしている。

母エアグルーヴは中長距離のGIで牡馬の一線級と対等以上に渡り合った本格派であり、父サンデーサイレンスもまたこの距離に適性を持っていた。その仔であるアドマイヤグルーヴを、実はそれ以前に阪神JFの除外対象となったいま、エリカ賞にぶつけることはある意味、当然クリアすべき試練であった。

回答は、きわめて明解だった。

スローペースに掛かり気味だったアドマイヤグルーヴだが、好位から最後の直線で武がひと追いすると、あっさりと先頭に立った。正攻法で牡馬を圧するかつての母と同じやり方で、単勝一・一倍という断然の一番人気に応《こた》えてみせた。

レース後、武は次のようなコメントを残している。

「レース前から、かなり入れ込んでいた。その面でも母親とよく似ている。最後は物見をしているくらいで、まだ余力がありましたね」

良きにつけ、悪《あ》しきにつけ、アドマイヤグルーヴは母と比較される。それもまた、宿命である。

ここまでアドマイヤグルーヴは二戦二勝。これに対し母エアグルーヴは新馬戦を勝ち上がるまでに二戦を要している。

まだその能力を比較する段階ではないが、少なくともこの時点では、互角以上の成績を残していた。

重賞

二〇〇三年二月一四日、私は三歳になったアドマイヤグルーヴに会うために栗東トレセンへ向かった。

午前九時、ちょうど調教が終わった後で、〝彼女〟は橋田厩舎のシャワーブースでクールダウンの最中だった。

まだあどけない。だが、確かに上品な顔立ちをしている。何よりも、目の前に立つ私を興味深気に見つめる目が美しかった。

皮膚の薄い、バランスのとれた体形をしていた。〝量〟という面ではあの頃《ころ》のエアグルーヴと比べるべくもないが、輝くような毛並の上からでも上質な、しなやかな筋肉であることがわかった。

この世に、欠点のない馬など存在しない。だがアドマイヤグルーヴはきわめて欠点の少ない馬であることは確かだ。担当調教助手の矢部滋樹の手厚い手入れを受けながら、心地良さそうに白い鼻を動かしていた。

「おとなしいね」

矢部に声を掛けてみた。

「いまはね。でも、そうでもないんですよ。レースの前になるとだんだんきつくなってきて、ぼくにも心を閉ざしちゃう。自分の世界に入っちゃうんです」

その言葉が、アドマイヤグルーヴという馬の本質に触れたような気がした。

強い馬は、すべてそうだ。レースの何たるかを理解し、その時期を察し、自らの意志で体を作りながら精神を研ぎ澄ましていく。エアグルーヴは、その典型だった。

アドマイヤグルーヴもまた、単なる名血の上品なだけの馬ではない。戦うために生まれた宿命を自らに課すことを知っている。

橋田は、アドマイヤグルーヴを「典型的なサンデーサイレンス産駒」だという。だが、これまで橋田厩舎で走ったサンデー産駒は、すべて「男馬ばかり」だった。その意味ではアドマイヤグルーヴに対し、多少の惑いがある。

「このクラスの馬は、みんな感受性が強いんです。信じられないかもしれませんが、うちで一番おとなしいサンデー産駒はサイレンススズカだった。それがレースになると、ああなる（苦笑）。アドマイヤベガなんか、まるでライオンみたいな馬でね。走る馬は、みんなそうなんです。アドマイヤグルーヴだって、ひとつ間違えたら凄い馬ですよ。闘争心をどこに向けてやるか。そのコントロールを我々がやるわけです」

今後、アドマイヤグルーヴは三月二二日の若葉ステークスから三歳春を始動。その後、中二週でクラシックの第一戦となる桜花賞へと向かう。なぜローテーションに、関東のレースを組み込んだのか。ここにも橋田の、アドマイヤグルーヴに対する輸送という新たな課題がある。

「このままでは、オークスが初輸送になってしまう。その前に、できるだけ早い段階で輸送を経験させておきたかった。どう変化するかわかれば、対策もとれますから」

クラシック戦線は、すべての要因を克服しなければ勝ち残ることのできない世界である。そのためには、あるときには石橋を叩《たた》いて渡るような用心深さも必要だ。

〇三年二月現在、橋田の調教師としてのGI勝ち鞍《くら》は全五勝。牡馬のクラシックは一九九九年にアドマイヤベガで制しているが、牝馬のクラシックはまだ勝っていない。

この時点において、アドマイヤグルーヴがクラシック戦線でどこまで戦えるのか。その潜在能力は未知数だった。だが、少なくとも可能性という意味においては、橋田を未知の領域に導くだけの資質を秘めていた。

「周囲のいろいろな人が夢を見ている。だからこそ我々はその背景を理解したうえで、物事を客観的に見て進めていかなくてはならない。能力のある馬ですから、我々が途中でしくじるわけにはいかないんです。それが宿命を背負った馬の難しさです」

そしてクラシック戦線を戦う過程に、母娘三代オークス制覇という究極の〝夢〟がある。

「確かに、オークスを勝つことが今年の最大の目標です。しかし、だからといって桜花賞を軽く見ているわけではない。GIは、特別な世界なんです。それだけの意味を感じるべきです。もし出られるなら、全力をつくさなくてはいけない」

アドマイヤグルーヴが生まれてから丸三年――。

この間に日本の競馬界は激動の中で大きな転換期を迎えた。

二〇〇〇年三月一〇日、名種牡馬トニービンの急死。さらに〇二年八月一九日、この一〇年間、日本の馬産界を支え続けてきたサンデーサイレンスもまた死亡した。

いま、日本の血統地図は大きく塗り変わろうとしている。その中で、アドマイヤグルーヴとまったく同じ血統を持つ馬は、エアグルーヴの二〇〇一（牝）、そしてエアグルーヴの二〇〇二（牡）と、合わせてこの世にたった三頭しか存在しない。そしてトニービンとサンデーサイレンス亡きいま、これ以後は絶対に作ることのできない血統でもある。

さらに、日本競馬界のルールそのものも大きく変わろうとしている。

この年から、牝馬のクラシックにはオークスに限り、外国産馬（賞金獲得額で上位二頭）が出走できることになった。そして今回の桜花賞を最後に、日本の牝馬クラシックは、すでに牡馬クラシックが限定付きではあるが開放されたように、順次マル外も参戦できるようになる。同齢馬によって争われるクラシックは単なる馬対馬の戦いの範疇《はんちゅう》を越え、〝日本の血統対海外の血統〟というさらに深い意味を持ちはじめる。

もしアドマイヤグルーヴが、この時点で日本の馬産界の頂点に立つ血統であるとするならば――。

その矢表に立たされるのは、牝馬としては必然的に、アドマイヤグルーヴだということになる。

○三年二月現在、アドマイヤグルーヴはわずか二戦二勝。だが、まだあどけなさの残る三歳牝馬のその小さな背に、とてつもなく重い物がのしかかろうとしている。

その中で二月一五日、今年の牝馬クラシックの主役の一頭と目されたピースオブワールドが調教中に骨折、戦線を離脱した。いつの間にか、好むと好まざるとによらず、誰が仕組んだわけでもなく、アドマイヤグルーヴを中心にごく自然に巨大な渦が動きはじめている。

それが〝宿命〟というものなのだろうか。

【追記】アドマイヤグルーヴは、結局牝馬クラシック三冠をひとつも勝てなかった。だがその後、二〇〇三年と〇四年のエリザベス女王杯（GⅠ・芝二二〇〇メートル）を連覇。他に二〇〇三年のローズステークス（GⅡ）、二〇〇五年の阪神牝馬ステークス（GⅡ）に勝っている。その後二〇〇六年よりノーザンファームで繁殖牝馬となり、後のダービー馬ドゥラメンテなどを送り出すが、二〇一二年一〇月に胸部出血のために急死している。

ナイスネイチャ

人々の幸せな六年間

Nice Natur

ウラカワミユキ

競走馬の故郷、北海道——。

苫小牧《とまこまい》から国道二三五号線を海岸線に沿って東南に走ると、門別《もんべつ》、新冠《にいかっぷ》、静内と〝サラブレッド銀座〟と呼ばれる牧場地帯が続く。

そのはずれ、襟裳岬《えりもみさき》まであと四〇キロほどのところに、浦河という静かな町がある。かつて浦河は、日本の競走馬のメッカだった。古くは名馬シンザンを生んだ地としても知られている。現在も国道を逸《そ》れて十勝岳を仰ぐ道を走ると、その両側に豊かな牧草地で草を食《は》むサラブレッドの姿が見られる。

渡辺牧場は、浦河の山間《やまあい》に戦前から続く古い競走馬生産牧場のひとつである。広さは約一〇町歩。ここ数年は、八頭の繁殖牝馬《はんしょくひんば》を世話し、年に五～六頭を生産するだけの小さな牧場でもある。

その渡辺牧場に、浦河の名を持つウラカワミユキという繁殖牝馬がいた。小柄だが、性格が温厚で、きわめて頭のいい馬だった。

昭和六三年四月一六日、ウラカワミユキは一頭の鹿毛《かげ》の仔馬《こうま》を産み落とした。これが二番目の仔である。まだ残雪の深い初春の北海道で、どこにでもありがちなささやかな出来事だった。

場主の渡辺一馬は、その仔馬を見て「ごく普通の馬」だと思った。もし期待があるとすれば、無事に売れてくれて「中央で二つか三つ勝ってくれれば……」という程度のものだった。

それが小さな牧場にかかわる者の常である。それ以上の夢は、この鹿毛の仔馬に限らず胸に抱いたこともない。

GIに手が届くような馬は、別世界の存在なのだ。そんな名馬が自分の牧場で生まれるわけがない。諦《あきら》めにも似た感覚と、切実な現実が渡辺にもあった。

鹿毛の仔馬は、母のウラカワミユキに似て利発だった。だが、体が弱く、生まれて二カ月もしないうちに体調を崩し、毛並が悪くなった。

胃腸が弱いためか、常に栄養失調気味で、肋骨《ろっこつ》が浮き出ていた。トモにも力がなく、二段踏みの悪いクセがあった。

もしこの鹿毛の仔馬が年間数十頭も生産する大牧場で生まれていたとしたら、この時点ですでに見限られて廃馬になっていたかもしれない。だが渡辺は、諦めなかった。できる限りの方法で、この仔馬に手をかけた。

商売は二の次だった。それ以前に、夫婦して馬が好きでこの仕事をやっている。自分が育てた馬が引退すれば、牧場の経営を顧みずに引き取ることもある。その甲斐《かい》あってか、鹿毛の仔馬は少しずつ健康を取り戻し、二歳（旧齢）で浦賀の育成センターに入る頃《ころ》には平均以上の馬格に育っていた。

ウラカワミユキは、馬主との仔分けという条件で渡辺が預かる馬である。その仔の権利も、半分になる。鹿毛の仔馬は、三〇〇万円という安い値で馬主に引き取られていった。

その後、鹿毛の仔馬は栗東《りっとう》に入厩《にゅうきゅう》が決まり、ナイスネイチャの名で中央のターフを走ることになった。

主役になれぬ運命

渡辺牧場のささやかな夢は、栗東で三人の男たちの手に受け継がれた。

調教師、松永善晴《まつながよしはる》。その義理の息子、騎手の松永昌博《まさひろ》。そして担当厩務員の馬場秀輝《ばばひでき》である。

特に馬場は、平成二年夏の入厩から以後六年以上にわたり、寝起きを共にしながらナイスネイチャと苦楽を分かち合うことになる。

「最初はひ弱だったたな。馬格はそこそこあったんだけど、体が薄くてね。それでも調教に行くと、いい動きをしていた。厩舎《きゅうしゃ》じゃ、みんな期待してたな……」

その期待は、平成二年一二月二日、京都の新馬戦（芝一二〇〇メートル）で片鱗《へんりん》を見せた。

鞍上《あんじょう》は後に四〇戦をこの馬と戦うことになる松永昌博である。松永はまだ競馬のなんたるかを理解していないナイスネイチャを、前半は九番手の後方につけ、最後の直線でインをうまく突いた。結果はコウエイロイヤルの首差二着に終わったが、その末脚の鋭さには新馬らしからぬものがあった。

あと二ハロンあれば、完全に前は入れ代わっていた。負けてなお強し、を印象づけた競馬だった。

だが松永は、ナイスネイチャをさらに冷静な目で見ていた。

「正直いうと、前半はまったく（流れに）ついて行けなかったんや。フラフラしとったし。最後だけは伸びてくれたが、間に合わんかった。それでも一つくらいは勝ってくれるやろ、とは思った」

一つ勝つこと。それは競走馬にとってとてつもなく大きな意味を持つ。

三歳、四歳の新馬戦、そしてその後の未勝利戦。そこまでに一勝を挙げられなければ、競走馬としての運命は終わる。毎年デビューするサラブレッドの大半は、一勝も挙げることなくこの世から消えていく。

一つ勝つことは、その競走馬が生きる権利を与えられる資格でもある。

一二月一五日、ナイスネイチャは自らの生きる権利を賭《か》けて、同じ京都の新馬戦（ダート一四〇〇メートル）を戦った。

頭のよいナイスネイチャは、すでにこの二戦目でなすべきことを理解していた。初戦で流れについて行けなかったのが嘘《うそ》のように、好スタートから二番手につける。松永も、素直に行かせた。

ナイスネイチャのスタミナを考えれば、一四〇〇メートル程度のレースでバテるわけがない。そのまま最終コーナーでハナを切るミュージアムを交わし、あっさりと一勝目を挙げた。

ナイスネイチャ初勝利の報は、その日のうちに浦河の渡辺牧場にも届けられた。

サラブレッドを生産する者にとって、これほど嬉《うれ》しいことはない。それは自分の業績に対する無形の褒賞であり、名誉であり、丹精を込めて育てた仔馬に対する愛情がむくわれた瞬間でもある。

ナイスネイチャの生まれた昭和六三年は、日本の近代競馬史に輝く多くの名馬を輩出した年として記憶に残っている。その代表的な一頭が、奇跡の名馬と呼ばれたトウカイテイオーである。

この絶対的な最強馬と同じ時代を生きることにより、ナイスネイチャは当初から脇役《わきやく》となる運命を背負っていたのかもしれない。しかもトウカイテイオーとナイスネイチャは、皮肉なことに血統という綾《あや》でも深いつながりを持っていた。

ナイスネイチャの父、ナイスダンサーは、現役時代カナダで二〇戦一〇勝（ブリーダーズ・ステークス、マニトバ・ダービー他）を挙げたノーザンダンサー直系の名サイアーだった。

カナダで五年間供用された後に日本に輸入され、ラグビーボール、ナイスナイスナイスなどの中堅馬を確実に出していた。

だがその本質は、ブルードメアサイアー（母の父としての種牡馬《しゅぼば》）にこそあるという評価が高い。トウカイテイオーの母、トウカイナチュラルの父もまたこのナイスダンサーであった。つまりトウカイテイオーとナイスネイチャは、伯父と甥《おい》の関係にあったわけである。

そのトウカイテイオーは、ナイスネイチャの初戦の前日に中京でデビューし、順調に新馬勝ちを収めていた。さらに、三週後の一二月二三日には京都でシクラメンSに出走。これを二馬身差と楽勝し、早くも翌年のクラシック候補として注目されていた。

ナイスネイチャとトウカイテイオーの初対決が実現したのは、平成三年一月一九日、明けて四歳となった京都の若駒《わかごま》ステークス（芝二〇〇〇メートル）だった。

ここまでナイスネイチャは三戦一勝。二週前の福寿草《ふくじゅそう》特別で六着と惨敗している。対するトウカイテイオーは圧勝で二連勝の後の三戦目。もちろん主役は、トウカイテイオーだった。

実はこの時、担当厩務員の馬場はこのレースに「使いたくなかった」という。

「ナイスネイチャは、デビュー前から骨膜炎の持病があった。二週前にも使っている。無理がきかない馬やから、ダービーを狙《ねら》うためにも休ませてやりたかった」

あらゆる競馬関係者の中で、担当厩務員は最も馬に近い位置にいる。

馬に接している時間そのものが長い。それだけに理解も愛着も深くなる。しかも一人の厩務員がクラシックやGⅠを狙える馬にめぐり会える機会は、一生に一頭か二頭。むしろ生涯縁がない場合が多い。

ナイスネイチャはまだ新馬戦に一勝しただけの未知の馬ではあったが、その勝ち方からして、能力の高さは並ならぬものを感じさせた。

馬場は一九歳で厩務員になり、すでに二〇頭近くの馬を手がけてきたが、その中でもナイスネイチャの素質は飛び抜けていた。自分の夢を、この馬がかなえてくれるかもしれない。それだけに、思い入れも強かった。

馬場の悪い予感は当たった。

若駒ステークスの主役は、やはり単勝一・一倍と人気を集めたトウカイテイオーだった。ナイスネイチャはその三着と敗れ、結果的に主役の圧倒的強さを引き立てるだけで終わった。

さらにナイスネイチャはレース後、骨膜炎が悪化。一生に一度しかないクラシックを前にして、五カ月半もの休養に入ることになった。

夏、小倉の上がり馬

平成三年春のクラシックは、まさにトウカイテイオー一色だった。

無敗で迎えた皐月《さつき》賞、さらにダービーを当然のように連覇し、時代の名馬にふさわしい圧倒的な強さを見せつけた。だがそのトウカイテイオーもダービーの後に骨折。一〇カ月以上にも及ぶ長期休養を余儀なくされた。

ナイスネイチャがターフに戻ったのは、ダービーの約一カ月後、夏競馬に沸く中京のなでしこ賞（芝一八〇〇メートル）だった。

放牧から帰ると、ナイスネイチャは見違えるほど逞《たくま》しくなっていた。休養前に四七二キロだった馬体重も、四八四キロとひと回り大きくなっていた。

その効果が、早くもこのレースに現れた。途中で不利があったにもかかわらず、直線で大外から強襲。休み明けを苦にすることもなく、首差二着と好走した。

元来、骨膜炎の持病がある馬は、冬は痛みが激しく体が動かない。夏は、まさにナイスネイチャの季節だった。なでしこ賞の好走を機に、ナイスネイチャはこの夏の上がり馬の注目株として、小倉、京都を舞台に連勝街道を驀進《ばくしん》することになる。

七月二八日、小倉の不知火《しらぬい》特別（芝一八〇〇メートル）は直線で強引にインを割り、圧勝。続く八月一〇日、同じ小倉のはづき賞（芝一八〇〇メートル）は初の古馬との対戦となったが、大外から抜け出し、最後はセカンドシーザーとのマッチレースに持ち込んでこれも完勝。いずれも一番人気に応《こた》えての好走であった。

そして続く二五日、ナイスネイチャは重賞初挑戦となる小倉記念（GⅢ・芝二〇〇〇メートル）に、四歳馬としては異例の一番人気で駒を進めた。

この頃になると、ナイスネイチャの強さは周囲にも十分すぎるほど認知されていた。トウカイテイオーが骨折、休養に入ったいまとなっては、すでに四歳馬の中に敵はいない。

古馬を含めても、最強クラスの馬に引けはとらないのではないか。それを最も意識していたのは、やはり厩務員の馬場であった。

「あの頃、日本一強い馬はメジロマックイーンだった。あの馬を、最高の舞台で負かす。それが俺《おれ》の目標だった……」

馬場が見すえていたのは、有馬記念におけるメジロマックイーンとの対決だった。

小倉記念で、ナイスネイチャはその期待がけっして荒唐無稽《こうとうむけい》の夢ではないことを証明して見せた。

鞍上の松永は、いつものように冷静に前半は中団につける。向こう正面で四番手。最終コーナーで外からかぶせるようにヌエボトウショウ、イクノディクタス等の屈強の古馬を交わし、一気に他を突き放した。記念すべき重賞初勝利は、小倉記念一三年振りの四歳馬優勝という快挙でもあった。

四歳馬が古馬に打ち勝つことはそれだけで意義があるが、もちろん本来の目的を忘れたわけではない。クラシックである。

骨膜炎で春の二戦は棒に振ったが、秋には最終戦となる菊花賞が残されている。三〇〇〇メートルという距離には血統的に壁があるが、好調を維持すれば楽しみはある。一〇月一三日、ナイスネイチャは菊花賞への出走権を賭けて、トライアルレースとなる京都新聞杯（GⅡ・芝二二〇〇メートル）に出走した。

主戦の松永は、これがナイスネイチャの「生涯最高のレースだった」という。

出走は全一四頭。七枠一一番のナイスネイチャは、イブキマイカグラに続き僅差《きんさ》の二番人気に推された。

前半はナカノハヤテがハナを切り、速いペースで進んだ。松永はいつものように中団の内にナイスネイチャをつける。人気のイブキマイカグラは、後方からの競馬になった。

三コーナーでイブキマイカグラの南井が動き、最終コーナーの手前で絶好のポジションを取った。これに続き、ナイスネイチャの松永が動く。ここでナカノハヤテはいっぱいになった。

ところが最後の直線に入り、イブキマイカグラ、シャコーグレイド、マチカネヒオドシらの先頭集団が横一線に並び、ナイスネイチャの前で壁になった。

「どうしても抜けられない。これはダメだ、と思った……」

残り、三〇〇メートル。松永はもがくように、ナイスネイチャを外に出した。だが、そこがまた塞《ふさ》がる。

さらに外に出す。やっと前が開いた時には、レースはすでに残り二〇〇メートルを切っていた。

この時点で先頭集団まで二馬身以上もの差があった。誰の目にも、ナイスネイチャの勝ちはないと見えた。

「残り一ハロンだけだった。そこで凄《すご》い脚を使った」

前が開くと同時に、ナイスネイチャの闘争心に火がついた。その鹿毛の馬体だけが、まったく別の動物であるかのような加速だった。

気がつくとナイスネイチャは並ぶ間もなく先頭集団を交わし、ゴールを突き抜けていた。

その瞬間、関西テレビの杉本清アナは、放送でナイスネイチャの名と共に「凄い、凄い」と何回も声を張り上げた。

この時のナイスネイチャの末脚は、それほどに衝撃的なものだった。

有馬記念三着の意味

ナイスネイチャの主戦、松永昌博は、昭和二八年一二月生まれ。昭和五二年、二三歳で曽場《そば》広作《ひろさく》厩舎から遅い騎手デビューをしている。

その後、年二〇勝以上という安定した成績を残し、昭和六二年には四二勝で関西リーディング九位を記録。華やかさはないが、燻《いぶ》し銀のような職人気質《かたぎ》の騎手として定評がある。

だがその松永が、ナイスネイチャに出会う時点では、まだ一度もＧＩには勝っていなかった。

松永は、ナイスネイチャで戦う菊花賞を楽しみにしていた。

能力のある馬に乗らなければ、どんな名騎手でもＧＩには勝てない。ナイスネイチャは、その可能性を秘めた馬である。同時に松永にとって、愛着という意味で特別な馬でもあった。

だが菊花賞は、ナイスネイチャの能力と可能性をもってしてもどうにもならない特殊なレースであった。やはり最終的には血統における距離への適性が大きな要因となる。クラシック最後のチャンスとなった一一月三日、菊花賞――。

松永はナイスネイチャと共に、自分たちの競馬を実践した。最終コーナーで大外から好位に押し上げ、直線に勝負を賭けた。見せ場は作ったが、伸びがなかった。結果は万能血統のマルゼンスキー産駒レオダーバンに敗れ、四着に終わった。

ナイスネイチャのGI制覇の夢は、馬場の思惑どおり年末の有馬記念に持ち越された。有馬記念は昭和三一年、二本ダービーに匹敵するレースを中山にもという趣旨により、当時JRAの二代目理事長であった有馬《ありま》頼寧《よりやす》によって発案された。ファン投票を競馬界に持ち込んだ最初のレースとして知られ、当初は中山グランプリと呼ばれた。この有馬記念に勝つことは、すなわち、その一年の最強馬であることを証明することにもなる。

一二月八日、ナイスネイチャは古馬を相手に順調に鳴尾《なるお》記念を勝ち上がり、満を持して有馬記念に向かった。もちろん当時の最強馬メジロマックイーンもこれに出走する。だがナイスネイチャの真の敵は、他にあった。骨膜炎である。

骨膜炎の持病がある馬は、冬に痛みが強くなる。有馬記念の行なわれる一二月は、ナイスネイチャにとって辛《つら》い季節であった。

馬場は、一世一代の愛馬を薄氷を踏む思いで仕上げた。

無理をすれば使えなくなる。だが、鍛えなければメジロマックイーンには勝てない。電気治療、レーザー、湿布。骨膜炎に効くと思えるものはすべて試した。

一二月二二日、ナイスネイチャにとって初めての有馬記念（GI・芝二五〇〇メートル）――。

この年は、例年になくメンバーが揃っていた。主役、メジロマックイーンの他にも、天皇賞馬プレクラスニーがいた。宝塚記念に勝ったメジロライアン、マイル王ダイタクヘリオス、ツインターボ、オサイチジョージ、さらに問題のダイユウサクがいた。

出走は全一五頭。その中でナイスネイチャはファン投票一二位、単勝二番人気で三枠五番から出走した。

スタート直後、ハナを切ったのはやはり逃げ宣言をしていた大崎のツインターボだった。江田照男のプレクラスニーが二番手からそれを追う。鞍上武豊、一枠一番の本命メジロマックイーンは、落ち着いたスタートから一コーナーで七番手の好位につける。松永とナイスネイチャは内の九番手あたりからの競馬となった。

「別にマックイーンをマークしていたわけではないけれども、自然とそれを見る展開になった……」

向こう正面で松永はナイスネイチャを外に出した。位置取りが決まると、淡々とした流れになった。すぐ前に、マックイーンとライアンの二頭のメジロが並んでいた。

三コーナーでプレクラスニーがツインターボを交わす。二頭のメジロがここで動いた。ほぼ同時に、松永も大外から先頭集団に取りついた。

先頭はプレクラスニー、二番手は岸のダイタクヘリオスで最終コーナーを回る。

その外から予定どおり、メジロマックイーンが伸びてきた。ナイスネイチャは、一瞬入る場所を失い、さらに大外から先頭集団を追走した。

「直線の上りでも差はつまらなかった。これは勝てないと思った……」

メジロマックイーンが先頭に出る。それを上回る脚で、内から伏兵ダイユウサクが強襲する。

結果はそのダイユウサクが一着、メジロマックイーンが二着。ナイスネイチャはしまいよく伸びたものの、三着に終わった。

馬場はいう。

「あの三着で、ナイスの運命が決まったのかもしれない」

その後、ナイスネイチャは骨膜炎を発症。九カ月半にも及ぶ二度目の休養に入った。

高松宮杯の復活

古馬になって、ナイスネイチャは、何かが抜け落ちたように勝てなくなった。

レース中に、急に掛かるクセが出るようになった。鋭かった末脚は、嘘《うそ》のようにじり脚に変わった。四歳夏のあの輝きは、二度と戻ることはなかった。

それでもなぜか人気のある馬だった。多くのファンの支持を集め、四歳から八歳まで五年連続で有馬記念に出走した。

平成四年はメジロパーマーの逃げをとらえることができず、三着。翌年はトウカイテイオーの復活劇の陰でやはり三着。その後も主役の座をつかむことはなかった。

だが、有馬記念三年連続三着は、JRAの小さな記録として歴史に刻まれることになった。

ナイスネイチャとの六年間は、松永昌博の騎手人生にとってすべてだった。

「かわいい馬だよ。あいつがいてくれたから、大きなレースに出られた。なんとかGIを取らしてやりたかったが……」

四歳の冬、骨膜炎を悪化させた時、松永はそれを厩舎で知った。しばらく使えないと聞き、大きなショックを受けたことをいまも覚えている。

六歳の春、副管骨を骨折した時には、その手術にまで立ち会った。メスで大きく切り開かれた傷口を見て、我が事のように痛みを感じた。

その松永の心に最も鮮烈に残るレースは、平成六年七月一〇日の高松宮杯（GⅡ・中京芝二〇〇〇メートル）だったという。

「あの時は後ろから行った。最終コーナー手前で他の馬が二頭来て、いっしょに行かなくてはならなくなった。直線は不安だったよ。ステッキも落としたし。それでも久し振りによく伸びてくれた。あの時は本当に嬉しかったよ」

それが四歳の鳴尾記念以来二年七カ月振り、古馬になってたった一回の勝利だった。

そして平成八年一二月五日、有馬記念連続六回出走という大記録を目前にして、ナイスネイチャは静かにターフを去った。最後のレースは一一月一六日、東京のアルゼンチン共和国杯となった。

このレースでエルウェーウィンの一五着と大敗したことが、松永調教師に引退を決意させるきっかけとなったという。奇しくもその日は、平成六年に有馬記念を制したナリタブライアンの引退式の日でもあった。

三人の男たちの幸せな六年間は終わった。

栗東を去る日、ナイスネイチャはなぜかいつもと様子が違っていた。それまでは引き綱を持たずに散歩ができるほどおとなしい馬だったのに、その日は馬場が引いても馬運車に乗らなかった。二度とこの厩舎に戻らないことを、本能のどこかで知っていたのかもしれない。

その姿を見て、馬場は人目をはばからず涙を流した。

北海道浦河町の渡辺牧場に、いまも一枚の写真が飾られている。平成三年一〇月一三日、京都新聞杯の表彰式の写真である。

そこには渡辺一馬夫妻の顔も写っている。あの日、二人は確かにそこにいた。

自分たちには縁のないと思っていた華やかな世界である。重賞に勝つ馬を作るなど、かなわぬ夢だとも思っていた。だがひ弱な仔馬が、いつの間にか二人をその大きな舞台に導いてくれた。

そのナイスネイチャが、種牡馬として浦河に戻ってきた。渡辺牧場で二頭、日高スタリオンステーションに移り、そこでも六頭に種を付けた。一年目としてもささやかな数だが、確実に第二の道を歩み始めた。

「来年、ナイスの仔が生まれるのが楽しみです。できればもう一度、有馬記念に選ばれるような馬を作りたい……」

それは単なる夢ではない。自信と実績に支えられた確かな目標である。

一頭の馬が、人々の心に残した財産である。

【追記】二〇二二年三月現在、ナイスネイチャは三四歳になるいまも、ＪＲＡ重賞勝ち存命馬最長寿として故郷の渡辺牧場で幸せな余生を送っている。

黒鹿毛の刺客

ライスシャワー

Rice Shower

時代

北米のあるインディアンの部族に、不思議な伝説が残っている。

黒鹿毛《くろかげ》の馬は永遠の命を授かった。

その肉体は滅びたとしても、魂は死なない。

満月の夜になると、どこからか嘶《いなな》きが聞こえてくる。

丘を見上げると、青白い月明かりの中に、黒鹿毛の馬が疾《はし》る姿が見える――。


平成九年四月二七日、ひとつの〝時代〟が終わった。

その日、私は自宅のテレビで第一一五回天皇賞（春）を観戦していた。前年の覇者サクラローレルを筆頭に、三強対決が話題となった天皇賞である。

レースはレベルの高い対戦にふさわしく、ハイペースの展開となり、やはり最後の直線で三強が抜け出した。

結果は、一着マヤノトップガン、二着サクラローレル、三着にマーベラスサンデーが入った。

誰が見ても、好レースであったとは思う。テレビの画面に、激戦の余韻に酔う観衆の姿が映し出された。しかし、私はその光景を、ある意味複雑な心境で眺めていた。

春の天皇賞は、三二〇〇メートルもの距離を走る日本最長のGIである。だからこそ特別なレースであり、特別な馬のみが勝者となりうるレースでなくてはならない。特別な馬とは、すなわち、ステイヤー（長距離馬）である。

マヤノトップガンは確かに優秀なサラブレッドだ。だが、ステイヤーではない。

もちろんステイヤーの血統が軽視されがちな現在の日本競馬界において、万能型の馬が天皇賞を制することは有り得ることだ。ところが、この日のマヤノトップガンの走破タイム三分一四秒四は、春の天皇賞のレコードタイムだった。

それまでの記録は、平成五年四月二五日の天皇賞で記録された三分一七秒一。あの大川《おおかわ》慶次郎《けいじろう》をして「ヘビー・ステイヤー」とまでいわしめたライスシャワーによるものだった。マヤノトップガンは、その記録を実に二秒七も短縮したのである。

神話は崩壊した……。

もちろん競馬は、数値によってのみ計れるものではない。天候、芝の状態、枠順、レースの流れ、馬の体調など、様々な要因が結果に影響を与える。数値は、単なる偶然の積み重ねによって生まれるひとつの基準にすぎないのかもしれない。だが、反面、この絶対的ともいえる現実を突きつけられた時、我々はそれを否定する術《すべ》を持たないことも事実である。

それでもあえて私は問う。

ライスシャワーこそは、日本の競馬史上最強のステイヤーではなかったか、と——。

意外性

私のライスシャワーに関する最初の記憶は、平成四年五月三一日、第五九回日本ダービー（GI・二四〇〇メートル）にまで遡《さかのぼ》る。

それまでにも前走のNHK杯や皐月賞の馬柱の中にその名を目にしたことはあった。だが、期待という意味でその存在を意識したことはなかった。

あの年の四歳クラシック戦線には、絶対的ともいえるスターホースが存在していた。デビュー以来、無敗の五連勝でダービーを迎えたミホノブルボンである。

競馬に関する私の立場は、一介の傍観者にすぎない。強い馬に心酔する反面、未知の反逆者の台頭にも期待する。

四歳春のこの時期、しかもほとんどの馬にとって実績のない距離を走るダービーでは、何が起こるかわからない。しかもマグニテュード産駒《さんく》のミホノブルボンは、典型的なマイラーだった。

私は主役をのぞく全一七頭の中から、打倒ミホノブルボンの可能性を秘めた馬を探した。何頭かの候補の中に、かろうじて名を連ねたのがライスシャワーだった。二四〇〇メートルに対応しうるリアルシャダイ産駒という血統。的場均《まとばひとし》の手腕。そして牡馬らしからぬライスシャワー（新郎新婦に注がれる米粒）という名の美しい響きにも魅《ひ》かれたのかもしれない。

結果はミホノブルボンの圧勝に終わった。

だが、そのはるか後方から一頭の黒鹿毛の馬が追いすがる姿が目に焼きついた。

その小さな体は、周囲に迫る馬群にいまにも呑《の》み込まれそうだった。勝てないことは、わかっていただろう。それでも諦《あきら》めようとはしない。小さな体を一層低く沈め、首を前に突き出し、他の馬よりも一歩でも前に出ようと闘争心を漲《みなぎ》らせていた。

黒鹿毛の小柄な馬は、かろうじてダービーの二着に残った。それが、ライスシャワーだった。

平成七年の七月から八月にかけて、私は取材のために、全国のライスシャワー縁《ゆかり》の地を訪ね歩いたことがある。

美浦のトレーニングセンターに始まり、育成に使われた千葉の大東牧場、生まれ故郷のユートピア牧場を含め、北海道にも二度ほど赴《おもむ》いた。行く先々で多くの関係者に出会い、様々な話を聞いた。

その中で、常に共通して使われる言葉が、ライスシャワーの「意外性」であった。事実ライスシャワーは、ＧＩに三勝するほどの馬でありながら、一番人気での勝利は五歳時の日経賞一回しか記録していない。

ライスシャワーについて最も知り尽くしていたはずの飯塚好次《いいづかよしじ》調教師でさえ、ダービーの二着は「まさか」と思ったという。馬の力からして、「入着があれば……」という程度の期待しかしていなかった。

意外性の理由の一端は、そのあまりにも小柄な馬格にあったのではないかと思う。

ダービー出走時のライスシャワーの馬体重は、わずか四三〇キロ。同齢の牝馬の平均にも達しない。

これに対し、ミホノブルボンは五〇〇キロ近かった。しかもクラシックでは、全馬共通の五七キロの斤量を背負う。これはミホノブルボンにとって馬体重の一一％強にしか満たないが、ライスシャワーにとっては一三％以上にも相当する。それがルールとはいえ、あまりにも大きなハンデとなりうる。

それでもライスシャワーは、ダービーで四馬身差の二着までミホノブルボンを追い詰めたのだ。以来、ライスシャワーの名は、私の意識の中に確かに刻まれた。

だが反面、この時点では、絶対的な存在として認識していたわけではなかった。

反逆者

二つ目の明確な記憶は、同年一一月八日の菊花賞（GⅠ・三〇〇〇メートル）だった。四歳（旧齢）時のライスシャワーの蹄跡《ていせき》は、まさに打倒ミホノブルボンの一点に集約されていたのではないかと思う。ここまでライスシャワーはミホノブルボンと四度対戦し、一度も勝っていない。だが距離の延長とライスシャワーの成長力に伴い、その力の差は確実に縮小してきていた。

初対戦のスプリングステークスでは九馬身。皐月賞で八馬身。ダービー四馬身。そして菊花賞の前哨戦《ぜんしょうせん》となる京都新聞杯（GI・二二〇〇メートル）では、ついに一と二分の一馬身差にまでミホノブルボンを追い詰めている。

おそらく菊花賞で両者の立場は逆転する。それは両者の血統というささやかな根拠に裏付けされた、単なる予感にすぎなかった。

だが、いずれにせよ菊花賞は、この二頭によって決着することになる。三冠馬が誕生するにせよ、最後に大逆転劇が待っているにせよ、ドラマは起こる。私は一傍観者として、ドラマの証人となることに喜びを覚えた。

ミホノブルボンは、無敗の七連勝で菊花賞に臨んだ。しかもデビュー戦以外、すべてのレースで先行し、自らがペースを作り、圧勝してきている。血統的な距離の壁はあるとはいえ、死角は存在しないかに思われた。

それにしてもミホノブルボンは、なぜあれほどまでに強かったのだろうか。

ミホノブルボンは、戸山為夫《とやまためお》調教師が血統へのアンチテーゼとして世に送り出した、一種のサイボーグだった。

「鍛えて名馬を作る——」

この理念の元に、戸山は二流血統馬のミホノブルボンに対し、当時栗東《りっとう》のトレーニングセンターにできたばかりの坂路を使い、徹底的に鍛え上げた。もし戸山の哲学が正しければ、ミホノブルボンは距離の壁をも乗り越え、菊花賞にも圧勝することになる。

対するライスシャワーは、一度も坂路を使われていない。美浦のトレーニングセンターに坂路が導入されるのは、一年後の平成五年一〇月である。

ライスシャワーは、ダートコースで地道に磨き上げられることにより、その才能を少しずつ伸ばしてきた。しかも、当時としては日本のサラブレッドの主流ともいえる良血馬である。二頭の立場は、あまりにも対照的だった。

両者の決着の行方に対し、微妙な役割を演じたのが、逃げ馬のキョウエイボーガンである。その陣営は、同じ逃げを決め手とするミホノブルボンに対し、レース前からあくまでも先手を取ることを宣言した。

スタート直後、やはりキョウエイボーガンが行った。

鞍上《あんじょう》の松永幹夫《まつながみきお》は、なかば強引に外からハナを奪う。これに対してミホノブルボンの小《こ》島貞博《じまさだひろ》は、あえて無理をせずに二番手に控えた。だが、慣れない二番手という位置に、ミホノブルボンは折り合いを欠いた。

後に、この一件が競馬関係者の間でも問題になった。もしキョウエイボーガンが逃げなければ、ミホノブルボンは勝っていたのではないか……。

もちろんこの仮説を否定する気はない。だが、両者の間には体重差という絶対的なハンデがある。むしろミホノブルボンが逃げられなかったことによって、二頭の立場は平等になったといってもいい。

ライスシャワーと的場は、五番手あたりの好位から冷静に先行争いを見守っていた。キョウエイボーガンが逃げた瞬間、的場は「しめたと思った」という。

ミホノブルボンが初めて先頭に立ったのは、キョウエイボーガンが逃げつぶれた四コーナーの途中だった。だが、その時にはすでに、すぐ背後にライスシャワーの黒い影が迫っていた。

調教師席から観戦していた飯塚調教師は、最終コーナーの出口ですでに勝利を確信していた。

直線は、おそらく二頭の叩《たた》き合いになる。ライスシャワーは飯塚が鍛えた馬だ。競り合ったら負けない馬であることを、飯塚が一番よく知っていた。

三冠馬の夢に外から黒い影が並びかけた時、場内の歓声はどよめきに変わった。

そしてライスシャワーが、長いクラシック戦線で初めて先頭に立った瞬間、どよめきは悲鳴となった。

菊花賞という大舞台を三分五秒〇というレコードで制してもなお、ライスシャワーは英雄とは認められなかった。むしろ、三冠馬の夢をぶちこわした悪役として、ファンの反感を買った。

だが私は、その小柄な黒鹿毛の馬体を眩《まぶ》しい思いで見ていた。

この馬は〝本物〟だ。

そう思った。

刺客

第三の記憶は、鮮烈だった。

菊花賞の後、ミホノブルボンが脚の故障により再起不能となったために、ライスシャワーは名実共に世代最強馬となった。

だが、明けて平成五年。古馬となったライスシャワーの前に、新たな壁が立ちはだかった。当時日本最強のステイヤーの座に君臨したメジロマックイーンである。

メジロマックイーンは、当時七歳だった。

四歳の秋に頭角を現わし、クラシック初参戦の菊花賞を内田浩一《うちだこういち》の好騎乗により圧勝。後に主戦が名手武豊に乗り替わり、翌春（平成三年）の天皇賞を制した。

さらに平成四年春の天皇賞では無敗の二冠馬トウカイテイオーをしりぞけて二連覇を達成。他に阪神大賞典二連覇など、この時すでにステイヤーとしての不動の地位を確立していた。

ライスシャワーは、このメジロマックイーンと平成五年四月二五日、第一〇七回春の天皇賞（GⅠ・三二〇〇メートル）でぶつかった。

少なくともこのレースに限り、私はライスシャワーに勝ち目はないと思っていた。あまりにも格が違いすぎたからだ。

　ここまでメジロマックイーンの戦績は、通算一八戦一〇勝。対するライスシャワーは前年の有馬記念から計三戦を古馬と戦っているが、メンバーが薄かった日経賞に一勝しかしていない。しかもこの天皇賞には、メジロマックイーンの春の天皇賞三連覇、武豊の同レース五連覇という大記録がかかっていた。

　だが、天皇賞の当日、ライスシャワーの馬体を見た瞬間に私の懸念《けねん》は粉砕された。

　そこにいた物は、すでに馬ではなかった。その姿は、神秘的ですらあった。

　まるで細い鋼《はがね》の繊維を集めて編まれたような筋肉が、しなやかな甲冑《かっちゅう》のように全身を覆っていた。ライスシャワーは頭を低く下げ、臨界に達した爆発物のような殺気を漲らせながら、パドックをゆっくりと歩いた。一歩足を運ぶごとに、全身の筋肉がそれ自体まったく別の生命体のように伸縮を繰り返す。

　肩が盛り上がり、腰が張りつめる。肋骨《ろっこつ》が浮き上がるほどに痩《や》せた腰にも、だが、確かに強靱《きょうじん》な筋肉が疾り抜けていた。

　馬体重は前走から一二キロ減の四三〇キロ。はたして馬という動物が、これほどまでに鍛え上げられるものなのか——。

　後に飯塚調教師は、「一世《いっせ》一代《いちだい》の冒険だった」と私に語った。

　最強のステイヤーを作る方法はひとつしかない。調教で、叩く。叩いて、絞り上げる。それだけだ。

「周囲からはやりすぎじゃないか、いじめすぎじゃないかといわれた。確かに馬にはきつかったろう。可哀《かわい》そうなことをしたと思う。でも、メジロマックイーンに勝つにはそれが必要だった。ライスなら、乗り越えてくれると信じていた……」

飯塚はレースの一週間前に栗東にライスシャワーを運び、連日のように前代未聞の追い切りを繰り返した。

追い切りに乗ったのは、的場である。的場はライスシャワーの鞍上で、馬の精神力が肉体の限界を越える瞬間を初めて経験した。

的場はいう。

「人間だってそうはいかない。耐えられるものじゃない。心の底から、本当に凄《すご》い馬だと思った」

当時、的場は、騎手としてすでにベテランの域に達していた。

これまでに、八千頭以上もの馬と苦楽を共にしてきた経験がある。その的場が、この時初めて馬に畏敬《いけい》の念を覚えた。

そしてレース当日、あらためてライスシャワーを目の前にしたとき、そのあまりの気迫に「恐怖を感じた」という。

漆黒《しっこく》に輝く鍛え抜かれた馬体は、確かにすべての意味で限界を越えていた。

その壮絶ともいえる凄味からすれば、メジロマックイーンはむしろ普通の馬にしか見えなかった。

私は固唾《かたず》を呑んでレースの行方を見守った。

四番手のメジロマックイーン。その姿を常に照準に入れながら、六番手から追走するライスシャワー。私は完全にこの二頭に意識を集中していた。

武豊の騎乗は、王道を行く者にふさわしいものだった。三コーナーの途中で仕掛けると、最終コーナーの出口で早くも逃げるメジロパーマーを射程圏にとらえていた。

だが的場には、そのメジロマックイーンさえも「止まって見えた」という。そして鋼の筋肉を持つ怪物は、直線で一瞬のうちに二頭のメジロを切り捨てた。

すでに勝利を確信していた的場は、ゴールの手前五〇メートルほどをほとんど追っていない。しかもライスシャワーが走った大外は、前日の雨の影響でかなり荒れていた。だが、走破タイム三分一七秒一は、それまでのイナリワン（武豊）の持つ記録を一秒七も短縮するレコードだった。

この時、フジテレビの杉本清《すぎもときよし》アナウンサーは、ライスシャワーに「関東の刺客」という表現を用いている。

菊花賞では三冠馬の誕生を阻み、春の天皇賞ではメジロマックイーンと武豊の大記録を夢に終わらせた。主役を倒せば、嫌われる。理解を越えた能力は、畏怖につながる。

だが、それでいい。私は、悪役が好きだ。

関東の刺客、黒鹿毛の反逆者——。

悪役の称号は、強さの証明に他《ほか》ならない。

空白

五歳の秋から七歳の春にかけて、華やかな記憶はひとつも存在しない。

ライスシャワーは、出走するすべてのレースで精彩を欠いた。闘争心と鋼の筋肉を失ったその姿は、ありふれた小柄な馬にしか見えなかった。

そして、骨折。九カ月の休養。ライスシャワーは、あの天皇賞で燃え尽きてしまったのか——。

なぜ、ライスシャワーは勝てなかったのか。理由のひとつは、あのメジロマックイーンとの死闘にあったことは否定できない。後に休養から明けて秋に厩舎に戻ってきた時、飯塚調教師は「何かが抜け落ちてしまったようだ……」と感じた。

だが、いま振り返ってみると、もうひとつ重大な理由があったことに気が付く。勝てなかったこの時期、ライスシャワーは三〇〇〇メートル超のレースを一度も走っていないのだ。

ライスシャワーは、まぎれもなく、三〇〇〇メートル級のレースのみに専門特化された特殊なステイヤーだった。

リアルシャダイ産駒であることに加え、母のライラックポイントもまた長距離に適性のあるマルゼンスキーを父に持つ。また、馬体重が四三〇キロ前後という小柄な馬格も、ステイヤーとしての資質の一端であったのかもしれない。

これは人間の陸上競技の選手の例を重ね合わせてみるとわかりやすい。一〇〇メートルを走る短距離ランナーよりも、マラソンランナーのほうが身長に対し平均して体重は軽い。

体重の差は、骨格の大きさと、そこに付く筋肉の質によって決まる。太い骨格には太い筋肉が付き、細い骨格には細い筋肉が付く。太い筋肉は瞬発力に優れ、細い筋肉は持久力に優れる。

またライスシャワーは、馬体重の割にきわめて大きな心臓を持っていた。三歳の入厩の時、飯塚調教師は、「心臓の音があまりに大きいんで驚いた」思い出がある。

だが、ステイヤーとして大成するか否《いな》かは、肉体的な条件だけでは決まらない。むしろ精神的な面にこそ、重要な資質が隠されている。

あらゆる運動は有酸素運動と無酸素運動に大別される。

人間の陸上競技にたとえるならマラソンなどの長距離走が有酸素運動にあたり、一〇〇メートルから四〇〇メートルまでの短距離走が無酸素運動にあたる。

無酸素運動では、ランナーは途中でまったくといっていいほど呼吸を行なわない。その中で、最も肉体的、精神的に辛《つら》いのが、無酸素運動の限界にあたる四〇〇メートル走であるといわれている。

サラブレッドの三〇〇〇メートル級のレースは、もちろん人間にとってのマラソンなどの長距離走にはあたらない。むしろ一〇〇〇メートルのスプリント戦を人間の一〇〇メートル走と位置付けるなら、三〇〇〇メートルは四〇〇メートル走に近いのではないか。

実際に馬は三〇〇〇メートルの距離を走り抜くのに、大きな呼吸をほとんど行なわないことが知られている。つまり、ライスシャワーが最も得意とする三〇〇〇メートル超級のレースは、馬にとって最も辛い無酸素運動の限界であったということになる。

それがライスシャワーという馬の本質なのだ。やはり、肉体的な能力によって走る馬ではなかった。あくまでも、並外れた精神力の強さによって戦う馬だったのだ。

だが、精神力だけではどうにもならないこともある。GⅠ二勝の経歴を持つライスシャワーは、時にはその小さな体に六〇キロという残酷な斤量を課せられた。

平成七年三月の日経賞も例外ではなかった。この日の斤量は、五九キロ。しかも、強い雨が降っていた。

なぜ自分の体が思うように動かないのか。なぜ格下の馬に負けなければならないのか。

ライスシャワーには理解できなかっただろう。

泥沼のような馬場の上で、重圧にもがきながら馬群に沈んでいく姿に、かつての刺客の面影はなかった。

復活

復活の記憶には、感動と不安が共存している。

平成七年四月二三日、ライスシャワーは二年振りに春の天皇賞（GI・三二〇〇メートル）の舞台に戻ってきた。

この年、天皇賞の主役は前年にシンボリルドルフ以来の三冠馬となったナリタブライアンだった。いや、そのはずだった。だが、ナリタブライアンは、股関節炎《こかんせつえん》の発症により直前にこのレースを回避した。

「はっきりいって、あの馬が出てきたら話にならなかった。（ナリタブライアンは）史上最強馬なんじゃないか」

後に、的場は私にそういったことがある。確かにマイル戦から二五〇〇メートル級のレースまでことごとくレコードに近いタイムで圧勝する戦いぶりは、〝怪物〟の名にふさわしいものだった。

ナリタブライアンの欠場は、ライスシャワーだけでなく、他のすべての馬にとっても幸運であったのかもしれない。結果として第一一一回春の天皇賞は、主役不在のレースとなった。

それでも七歳になったライスシャワーに、二年前の気迫は感じられなかった。馬体の仕上がりも、むしろ平凡だった。だが天性のステイヤーは、体に淀《よど》の三二〇〇メートルを刻み込んでいた。

これまでライスシャワーは、自分からレースを作ったことがほとんどなかった。常に主役となる馬が他に存在し、その一頭に狙《ねら》いを定め、最後に仕留める。それがライスシャワーの勝ち方であり、だからこその刺客だった。

だがライスシャワーと的場は、勝ちに見離された空白の二年間に確かに成長していた。

レースが動いたのは、まだ三コーナーの手前だった。ライスシャワーが行くそぶりを見せるのと、的場が合図を送るのとはほぼ同時だったという。スローペースの中でそれまで六番手前後に控えていたライスシャワーが、大きなストライドで上がっていく。そのまま先頭集団を一気に抜き去り、三コーナーの入口で先頭に立った。

ライスシャワーは典型的な好位からの差し馬である。それが三二〇〇メートルのレースの三コーナーで先頭に立つなど、常識では考えられない作戦だった。

だが、この時の的場には確かな勝算があった。

ライスシャワーが、後方に一七頭の馬群をしたがえて最終コーナーを回った。

小さな体を低く沈み込ませ、首を前に突き出す独特なフォームが戻っていた。私にとって、それは期待こそしていたが、予期することのできない光景だった。

おそらく、直線の半ばで体力は限界を越えていたのだろう。それでもなお後続を突き離そうとする姿に、心を熱くして見守ったことを憶《おぼ》えている。

だが、勝利の瞬間以上に印象的だったのは、表彰式でのライスシャワーの姿だった。馬という動物は、なぜここまで肉体の限界を追求できるのか。ライスシャワーは、まるで脱《ぬ》けがらのように、立っていることさえ辛そうなほど憔悴《しょうすい》しきっていた。

最後の記憶は、平成七年の六月四日である。

舞台はやはり、ライスシャワーが最も得意とした栄光の淀であった。

すでに、宝塚記念のレースは終わっていた。三コーナーと四コーナーの中間あたりに、黒鹿毛の小柄な馬が倒れている。馬は、死の苦痛にあえぎながらも、時折傍らの盟友を気遣うそぶりを見せていた。

私の記憶は、そこで途絶えている。

北米のあるインディアンの部族に、不思議な挿話が残っている。

若き戦士は、黒鹿毛の馬に運命を託す。

共に野を疾り、共に戦い、多くの武勲をその手に握る。

そしていつの日にか黒鹿毛の馬が天を駆ける時、戦士は真の勇者となる。

【追記】ライスシャワーの亡骸《なきがら》は、いまも生まれ故郷の北海道鵡別にあるユートピア牧場の大地に眠っている。

偉大なる血の光と影

サンデーサイレンス

Sunday Silence

究極の名馬

巨星が堕《お》ちた。

二〇〇二年（平成一四年）八月一九日、午前一一時——。

一頭の歴史的名馬が、静かに逝《い》った。

馬の名はサンデーサイレンス、牡《おす》一六歳。一九八六年アメリカ生まれ。

父は二〇世紀の名種牡馬の一頭に数えられるヘイロー、母はアンダースタンディング産《さん》駒《く》のウィッシングウェル。その名は『静寂なる日曜日（のミサ）』を意味する。死因は、サラブレッドの不治の病といわれる左前脚の蹄葉炎《ていようえん》だった。

現役時代のサンデーサイレンスは、自らの名を翻弄《ほんろう》するかのような闘争心にあふれたレースを身上とした。

戦績はアメリカで通算一四戦九勝二着五回、GI六勝。八九年にはケンタッキーダービー、プリークネスSの米二冠を制し、年度代表馬に選ばれている。特にライバルのイージーゴアをレース中に噛《か》みつきにいき、ハナ差で差し切ったプリークネスSは、米競馬歴史上屈指の名レースとして伝説と化している。

だが、サンデーサイレンスの本来の真価は、現役引退後をもって語られるべきだ。九〇年のハリウッドゴールドCHでの二着を最後に引退した同馬は、社台レースホース社長の吉田善哉《よしだぜんや》（当時）によって一六億五〇〇〇万円で購入され、日本で種牡馬《しゅぼば》として第二の道を歩むことになった。

以後の活躍はいまさら述べるまでもない。サンデーサイレンスは初年度産駒でクラシック三勝（皐月賞＝ジュニュイン、ダービー＝タヤスツヨシ、オークス＝ダンスパートナー）を達成するなど種牡馬としての記録をことごとく塗りかえ、日本のみならず世界の競馬界に対し、血統という名の一大勢力図を築き上げていく。

そのサンデーサイレンスの一六歳という若さでの突然の死は、種牡馬として志《こころざし》なかばにしての無念の最後であり、同時に国内外の競馬界に計り知れない損失をもたらすことになった。

翌八月二〇日、国内の新聞はスポーツ紙のみならず一般紙までもがその死のニュースを大きく取り上げ、外電はAPなどの通信社を通じて世界を駆けめぐった。その破格の扱いを見ても、「サンデーサイレンスがいかに偉大な馬であったか」がわかる。

以下は当日の報道から拾った同馬のデータの一部である。

九〇年当時、サンデーサイレンスのために組まれたシンジケートの総額は史上最高額（当時）の二五億円。毎年二〇〇頭平均の種付けをこなし、一〇年間で約二〇〇〇頭の産駒を輩出。

初年度産駒がデビューした九三年から死亡する直前の〇二年八月一八日現在までの九年間で、ＪＲＡの通算勝利数は一三五七勝。うち、重賞一四三勝は史上最多。ＧⅠ二八勝

（計一九頭）も史上最多。年間最多勝利数は〇一年の二六一勝、同年獲得賞金額は六六億五五一八万五〇〇〇円。通算賞金獲得額は三六六億二一六八万円で、いずれも史上一位。七年連続でリーディング・サイアーを獲得し、〇二年度もランキング一位独走中。死亡時の保険金は三〇億円。これだけでもサンデーサイレンスの〝凄《すご》さ〟がわかる。

さらにスポーツニッポンでは、興味深い試算を行なっていた。

〈――仮に毎年一五〇頭の種付けを維持しながら五年間種牡馬を続けたなら（産駒の総売り上げは）五八〇億円、獲得賞金が向こう一〇年間で約六五〇億円、さらに種付け料を加えれば損失額は一五〇〇億円にものぼる――〉

一五〇〇億円。途方もない数字だ。

経済動物としてのサンデーサイレンスの死による経済的損失は、一部上場企業、しかもかなりの優良企業の倒産にも匹敵することになる。

数字は、ある意味で物事の本質を浮き彫りにする。しかし今回の報道に限っては、むしろ逆の印象があった。数字の裏に、包み隠された真実の影を感じたのである。

本当にサンデーサイレンスは、数字の示す通りの究極の名馬だったのか。もしそれが真実だとすれば、数十億円、数百億円あまりの金の流れはこの先どうなるのか。一五〇〇億円という損失は、競馬界のどこに吸収されていくのか。

各紙は右前脚にフレグモーネ（感染性腱鞘炎《けんしょうえん》）を発症し、左前脚に蹄葉炎を併発して死に至るまでのサンデーサイレンスの闘病の記録を端的かつ事務的に伝えている。

だが、これほどの名馬がそんな単純なことで死ぬものなのだろうか。発症を防ぐ方法はなかったのか。治療は不可能だったのか。そしてもし、それがサラブレッドという動物の宿命であるとするなら、人はなぜ、それほど不安定な存在に莫大《ばくだい》な経済のリスクを依存することができるのか――。

それだけではない。私がもっとも異和感を覚えたのは、次のような言葉だった。

『サンデーサイレンスの夢は数多くの二世を通じて後世に受け継がれていく』

各紙の報道は、表現に多少の差こそあれ、ことごとく同じような結論で終っている。

だが、あまりにも安直な発想だ。サラブレッドとは、血統とは、それほど機械的なものなのか。果たして〝夢〟は、受け継がれるのか。もしくは、受け継がれるべきなのか――。

心に釈然としないものが残った。

だが、記事を見ているだけでは、それ以上のものはなにも伝わってはこない。

九月に入って間もないある日、私はサンデーサイレンスの死の真実を知るために、北海道へと飛んだ。

闘病

北海道早来町《はやきたちょう》『社台スタリオン・ステーション』――。

日本のサラブレッド生産のメッカである。

ここは都会から訪れる者にとって、別天地だ。一般客も利用できるレストハウスの前から、広大で美しい放牧地が一望できる。

この時も私の目の前でトウカイテイオー、スペシャルウィーク、メジロマックイーンといった日本の〝血統〟の至宝が燦々《さんさん》とした陽光を浴びて草を食《は》んでいた。その光景は、まさに圧巻であった。

一見、平穏と栄光を象徴するかのような風景の中に、だが確かに暗雲も影を落としていった。

この数カ月間に社台スタリオン・ステーションは、クロフネの種付け中止にはじまり、エンドスウィープ（七月一三日）、エルコンドルパサー（七月一六日）とあいついで主軸の種牡馬を失った。特にエンドスウィープとエルコンドルパサーの二頭は、いずれリーディング・サイアー級の活躍を期待された日本を代表する種牡馬だった。

そして今度は、サンデーサイレンスだ。

サラブレッド王国とまで称された社台グループは、いったい、この先どうなってしまうのだろうか。

事務的にだが、広報担当の徳武英介に話を訊《き》いた。

ここではまずサンデーサイレンスの病状経過を中心に、基本的なデータを確認するつもりだった。

「右前脚にフレグモーネが発見されたのは、五月一〇日でした。目の前が真っ暗になりましたね。これが不思議なことに、外傷がなかった。膝《ひざ》をどこかにぶつけたのか、それとも内因性のものなのか。いまだに原因がわからないんです」

普通、フレグモーネは外傷から菌が混入することによって発症するといわれている。本来ならば、内因性という可能性はまず考えられない。だが死亡解剖時にも、原因となるような外傷はまったく発見されなかった。

なぜあれほど頑健だった馬が、外傷もないのに感染症を発症したのか。これがサンデーサイレンスの死に関するまず第一の謎《なぞ》である。

フレグモーネは、サラブレッドにとって激痛を伴う危険な病気だ。

だが、けっして死に直結する不治の病ではない。

「社台では過去に症例もあった。しかしサンデーの場合、細菌の混入原因が不明だったために有効な抗生物質を見つけられなかった……」

フレグモーネの手術に関しては、賛否両論あった。それでも、薬が効かない以上、手術しか方法はない。

社台には業界一ともいわれる獣医スタッフが揃《そろ》えられている。加えてイギリスからフレグモーネの専門医を招聘《しょうへい》し、慎重を期した。第一回目の手術は六月二三日に行なわれた。手術は大掛かりなものとなった。

元来、馬の腱は切開が不可能とされている。そこでサンデーサイレンスにはファイバースコープを使って腱の上下に二つの穴を開け、中を抗生剤で洗浄するという方法がとられた。

だがこの手術で、症状が予想以上に深刻であったことが判明する。サンデーサイレンスのフレグモーネが、慢性感染性腱鞘炎と診断されたのである。

術後の経過もおもわしくなかった。痛みが引かない。

社台の内部にも、次第に焦燥が深まった。普通の馬だったならば、この時点ですでに安楽死の措置がとられていただろう。

「とにかく、ものすごい精神力でしたね。痛みに黙って耐えながら、飼葉もちゃんと食べていた。サンデーは、生きようとしていたんです……」

もっとも心配されたのが、不治の病・蹄葉炎の併発である。すでにサンデーサイレンスはフレグモーネの発症以来、一カ月半もの間、六〇〇キロの体重を三肢で支え続けていた。もしもっとも負担のかかる左前肢に蹄葉炎を発症すれば、その時点ですべての望みが断たれることになる。

六月二九日、左前肢蹄葉炎症を予防するためにラバーを用いたヒール製の特殊装蹄《そうてい》を実施。さらに七月六日には二回目の手術が施された。

当時の社台はサンデーサイレンスに対し、「できうる限りのことをやりつくした」という感がある。

もちろん、その理由の一端がサンデーサイレンスの経済的な価値にあったことは否定できない。

前述したように、サンデーサイレンスのために組まれたシンジケートの総額は二五億円。内訳は一株四二五〇万円×六〇口である。株主は一株につき毎年一回の種付けの権利以外に、余勢分として六〇回を超えた種付け料の利益を受ける権利を持つ。今年、サンデーサイレンスの種付け料は一回三〇〇〇万円だった。この金額で年間二〇〇頭に種付けしたと仮定すると、余勢分だけで一四〇頭。なんと一年間の種付け料だけで四二億円（一株当たり七〇〇〇万円）もの配当利益を生むことになる。

これに対し、死亡保険金は三〇億円（一株当たり五〇〇〇万円）。一年分の種付け料にも満たないのだ。

ところが、この死亡保険金は、保険会社の側からするときわめて大金となる。通常種牡馬の保険金支払い義務は一八歳まで。サンデーサイレンスがあと二年生きていたとすれば、事実上、三〇億円得をする計算になる。

様々な金銭的な思惑が複雑にからみ合い、その裏にサンデーサイレンスの悲劇の縮図が浮かび上がってくる。

だが、こうした金銭面の事情は現場の人間にはまったく無関係だった。彼らは純粋に、生命体としてのサンデーサイレンスを救うことに全霊を注いだ。

「多くの株主の気持ちも同じだったと思いますよ。お金の問題ではないんです。彼らは、子供がほしいから株主になった。サンデーサイレンスの仔《こ》をレースで走らせたかったんです。サンデーの仔がいなくなることが一番辛《つら》いんです……」

こうした中で七月一八日、三度目の手術が行なわれた。

今度は、想像していた以上に術後の経過は良好だった。二三日に右前深屈腱《しんくつけん》の断裂が確認されたが、症状はむしろ軽くなり、痛みもいく分やわらいだ。

「もしかしたら助かるかもしれない、皆そう思ったんです。腱が断裂したサンデーを、来年からどうやって種付けしようかと、そんなことまで考えていた」

だが、八月に入ってまもなくサンデーサイレンスの容態は急変する。五日、左前肢のレントゲン検査を実施。その結果は絶望的なものだった。

ついに〝死の病〟といわれる蹄葉炎を発症したのである。

偶然と必然

その日の夜、私は札幌《さっぽろ》でひとりの男と会った。

名は後藤正俊《ごとうまさとし》。馬産地の北海道を舞台に活躍する競馬ライターである。特に現地の事情に精通し、社台の部外者としては〝もっともサンデーサイレンスを知る男〟とまでいわれる。

「自分は日本で初めて〝サンデーサイレンスに嚙まれた男〟でもあるんです。それが彼に対するプライドかな（笑）」

後藤が初めてサンデーサイレンスに会ったのは九一年。〝彼〟が社台スタリオンに搬入された当日だった。

夢にまで見た、カリフォルニアの〝血統〟の頂点が日本にやってくる。いてもたってもいられなくなり、社台スタリオンに向かった。

「凄い馬だなあと、ただただ見とれてましたよ。以前にアメリカで見たヘイロー（サンデーサイレンスの父）にウリふたつでね。元気満々に放牧地を走っていた」

そのうちにサンデーサイレンスが、後藤に近づいてきた。「人なつっこい馬だな」と思った瞬間、肩を噛まれた。油断すると、今度は被《かぶ》っていた帽子を取って逃げていった。

「なぜレース中にイージーゴアを噛みにいったのか、わかったような気がしましたね。ヤンチャなんですよ。遊ぶのが好きなんです。本当に、人間的な馬だった……」

そんなことがあってから後藤はますますサンデーサイレンスが好きになった。

これほどの名馬を、なぜ〝アメリカ〟は〝日本〟に売ったのか。

後藤はその理由を次のように分析する。

「あの年のアメリカのスターホースは、やはりイージーゴアだったんだと思う。イージーゴアはどちらかというと超一流血統。つまり馬としての貴族であり、ブランドだった。逆にサンデーは、母系が二流血統だった。アメリカ人からすれば成り上がりのアウトサイダーだったわけです。実際に初年度の種付けはイージーゴアが満口だったのに対し、サンデーは二件しか申し込みがなかったんです」

現役時代のサンデーサイレンスとイージーゴアのライバル対決は、通算サンデーの三勝一敗。米三冠レースのうちの二つをサンデーサイレンスが制している。

だが、レース内容と血統としての価値は話が別だ。勝負には勝っても、サンデーサイレンスはアメリカで一流とは認められなかったわけだ。

だが、そのサンデーサイレンスが日本で種牡馬として大成功を収めた。

なぜなのか——。

「まず第一に、サンデーは日本で初年度からいい繁殖牝馬《はんしょくひんば》に付けることができた。サンデーにはノーザンダンサーの血が入っていない。これに対して当時の日本の繁殖の一流どころは、ほとんどがノーザンダンサー系でした。特に社台系列は、その傾向が強い。さらにこれは結果論だけれど、サンデーの産駒は芝に強かった。もしダート主体のアメリカでやっていたら、(サンデーサイレンスは)種牡馬として埋もれていたのかもしれない」

サンデーサイレンスは、日本で期待以上の実績を残した。年平均二〇〇頭として、一〇年間で約二〇〇〇頭(〇二年度は一五九頭)もの産駒を残したことになる。

これはとてつもない数字だ。しかもサンデーサイレンス産駒の牝馬は、ほぼ一〇〇パーセント近くが繁殖として残る。

現在、日本にけい養されるサンデーサイレンス系の繁殖牝馬は、その予備群も含めて「約一〇〇〇頭はいる」と後藤はいう。加えてサンデーサイレンス二世の種牡馬は現在五〇頭以上。かなりの数が海外に流出(タヤスツヨシなど)しているが、日本にも三〇頭以上（同年八月三一日現在で三三頭）が残っている。

かつてこれほどの成功を収めた種牡馬は世界的にもほとんど例を見ない。まさに「血統という名の一時代を築いた」といってもいい。

この一大勢力をもって、サンデーサイレンスは七年連続リーディング・サイアー、九年間で通算一三五七勝、GI二八勝と日本の競馬界に一大旋風を巻き起こした。

問題は、サンデーサイレンスの一六歳という早すぎた死によって、今後この勢力図がどのように移り変わっていくのか。これは実際のレース成績と血統地図の両面から議論する必要がある。

「リーディングに関しては、今後しばらくはサンデーが安泰でしょう。今年も一五九頭付けていますしね。しかし、その後はまったく読めない。常識的にいえばこれまでナンバーツーだったブライアンズタイムですが、私はそうはならないと思う。あの馬はサンデーと同年齢ですから。かといってサンデーの二世にもこれといったのがいない……」

前述のように、サンデーサイレンスの生死にかかわらず、社台が次期リーディング候補として期待していたのがエルコンドルパサーであり、エンドスウィープだった。この二頭の死は、あまりにもタイミングが悪かった。単なる偶然なのだろうか。

「偶然でしょう。むしろ社台では、これまであまりにも馬が死ななすぎた」

確かに、そうだ。これまで社台では、あれだけの数の馬を繋養《けいよう》していながらほとんど大物種牡馬が死んでいない。過去にはソルティンゴの例があるくらいだ。

これに対しサンデーサイレンスのライバルだったイージーゴアは種牡馬三年目に急死。日本でも〝史上最強馬〟として将来を期待されたナリタブライアンが種牡馬生活二年目に死亡している。元来、人間の手によって作られた、サラブレッドという動物は、能力の高い馬ほど生命体として不安定な存在である。

ならば、今後の日本の血統地図はどのように変わっていくのか。

「まったく先はわかりません。しかし、日高である人が奇妙なことをいっていました。サンデーサイレンスの死は生命体としての条理だったんじゃないかと。もし、あのままあと一〇年、毎年二〇〇頭種付けしていたら、日本の血統地図はとんでもないことになっていた、とね……」

偉大なる死

蹄葉炎――。

すべての競馬関係者は、この病を〝死神〟として恐れる。

かつては日本でもテンポイント、トウショウボーイ、サクラスターオーなどの名馬が命を落としている。蹄葉炎とはいかなる病気なのか。今回の取材と前後して、本好茂一動物臨床医学会会長に話を訊いた。

「前例を見ても、まず命は助からない。特に今回のサンデーサイレンスの場合、右前肢にフレグモーネを発症し、その影響で左前肢に蹄葉炎を併発している。それだけ負担も大きい。生存させることは一〇〇％無理でしょう。もちろん特効薬などというものは、現在のところまったく存在していない」

サラブレッドは、五〇〇キロもの体重を細い四肢で支えている。その先端の、全体重がかかる部分が蹄《ヒヅメ》だ。この蹄と蹄骨は、蹄壁真皮だけでつながっている。

ところが何らかの理由で蹄に加重がかかりすぎると、蹄壁真皮だけでは支えられなくなり蹄骨がずり落ちてしまう。これが蹄葉炎の構造だ。最終的には蹄骨が蹄底を突き破って蹄が腐り落ち、蹄骨がむき出しになる。

通常、蹄葉炎を発症した馬はすみやかに安楽死の措置がとられる。だが、三〇億円という高額の保険金が掛けられたサンデーサイレンスには、それすらも許されなかった。

「蹄葉炎は、ある意味で予想していいました。普通の馬ならばフレグモーネが悪化した時点で、一カ月以内に蹄葉炎が出る。ところがサンデーは、三カ月も出なかった。それ自体が奇跡的なことなんです。改めてサンデーの生命力の強さを実感しました」（徳武英介）

蹄葉炎を発症してからは〝まさに狂気の世界〟だった。

毎日のように治りもしない特効薬のセールスマンや、わけのわからない祈禱師《きとうし》が金の臭《にお》いを嗅《か》ぎつけて売り込みにきた。マスコミが大挙して押し寄せ、真偽入りまざった情報が世界を駆けめぐった。

その中で、サンデーサイレンスだけが静かに病魔と戦い続けた。馬にとって蹄葉炎の激痛は、想像を絶するほどだという。中にはその痛みのために精神に異常をきたす馬もいる。だがサンデーサイレンスは、最後まで毅然《きぜん》とした態度を崩さなかった。

後藤はサンデーサイレンスが発病して以来、ことあるごとに社台を訪れその闘病を見守った。

「サンデーは、こうなったら自分は死ぬということをわかっていたんだと思う。あんなに潔い死に対する姿勢は、初めて見ました。彼は、自分でけじめをつけようとしていた。そんな馬もいるんです。改めて、馬の品性というものを感じました……」

最後の一週間、サンデーサイレンスはまったく眠らなかった。一度も横にならなかった。もし横になれば、二度と自分の力では起き上がれないことを知っていたのか。それとも史上最強の種牡馬としての最後のプライドだったのか。背中を丸め、集合姿勢で後肢二本だけでバランスを取り、まるで幽霊のように立ち続けていた。

徳武はいう。

「最後まで、目だけはしっかりしていた。精神力とか、苦痛に対する感覚がほかの馬とは違うんです。だけど、もういいよ、と。正直いって、早く楽にしてやりたかった……」

八月一八日日曜日、それまでよりも強い鎮痛剤を打った。

正確な意味では安楽死ではない。だが、その薬を打てば立っていられなくなることはわかっていた。

サンデーサイレンスは、倒れるように横になった。そのまま、二度と起き上がることはなかった。

そして翌一九日午前一一時、日本の競馬界を劇的にまで変化させた偉大なるサラブレッドの心臓が止まった。その死因は衰弱性心不全だった。

そのとき、後藤正俊はサンデーサイレンスが死と闘い続けた馬房の外にいた。

目の前を、一台のトラックが走り去っていった。荷台にはブルーシートがかけられ、その中にサンデーサイレンスの遺体が乗っていた。

「ああ、サンデーサイレンスが逝っちゃった……。ただ、そう思いましたね」

遠ざかるトラックを眺めながら、後藤の脳裏にひとつの悲しい言葉が浮かんだ。

〝経済動物〟――。

あのサンデーサイレンスも、大義において〝家畜〟にすぎないのだ。

涙がこぼれてきた。

馬が死んで泣くのは、久し振りだった。

脅威

かつて、日本は競馬後進国と呼ばれた。

だが、ここ数年〝世界〟と〝日本〟の差は急速に狭まりつつある。

日本で開催される国際GⅠ・ジャパンカップにおける内国産馬の勝率は、ここ数年の間に確実に向上している。さらに、内国産馬が海外の大レースで活躍する機会もけっして珍しいことではなくなった。これまでは一方的に海外からの輸入に頼っていた日本の血統だが、いつの間にか逆に〝輸出〟する事例も目立ちはじめている。

こうした日本競馬界の近年の業績を振り返ってみると、その裏に明確な二つの法則が存在することがわかる。それは莫大な額のジャパンマネーと〝サンデーサイレンス〟だ。とくに表舞台で活躍する主役の顔触れを振り返ってみると、その大半がサンデーサイレンス産駒であることに気がついて愕然《がくぜん》とする。

もちろん、サンデーサイレンスの脅威は日本と海外の関係には留《とど》まらない。むしろ、日本競馬界の事情にこそ明確に現れている。

例えば、我々が何気なく見過している数字がある。二〇〇二年一〇月現在までに、サンデーサイレンス産駒のGⅠ勝利数は全二九勝にも達する。「なんだそんなものか」と思う反面、この数字が意味する本質に気がつくと、背筋が寒くなる思いが疾《はし》り抜ける。

サンデーサイレンス産駒のデビュー以来、この九年間で約一五〇戦のGⅠが日本で行なわれたと仮定してみよう。そのうち、産駒が出走可能かつ条件の合った芝・中長距離のGⅠがおよそ九〇戦。なんと〝サンデーサイレンス〟のGⅠにおける勝率は、三割以上にも達するのである。

もしサンデーサイレンスが存在しなかったとしたら、おそらく日本はいまだに競馬後進国のままだっただろう。そして日本の競馬界そのものが、まったく別ものになっていたに違いない。

だが八月一九日、そのサンデーサイレンスが一六歳という若さで逝った。

二週間後の九月初旬、私はサンデーサイレンスの死を身近に見つめた二人の人物（徳武英介、後藤正俊）から話を訊いた翌日、日本の馬産のメッカ・日高へと向かった。

表面的な目的は、サンデーサイレンスの死が及ぼす影響を現地の生の声で確かめてみることだった。だが私には、さらにもうひとつ、日高にまで足を運ぶ明確な目的があった。前日、後藤がいった奇妙なひと言である。

「サンデーサイレンスの死は生命体としての条理だったのではないのか——」

その言葉の真意が、日高の地に隠されているような気がしたからだ。

まず最初に向かったのは、『ＣＢスタッド』である。

そうだ。現在の日本の馬産界でナンバーツーの種牡馬、そしてサンデーサイレンス亡き後は必然的にナンバーワンになるはずの、ブライアンズタイムのけい養地である。

サンデーサイレンスの死からわずかに二週間。だが、すでに日高では、〝異変〟が起きはじめていた。

異変

ＣＢスタッドを訪ねるのは三年振りである。

場長の佐々木功には、以前、別の馬の取材で話を訊いたことがあった。佐々木は、おそらく日本の馬産界の中で、こと種牡馬の管理と種付けに関してはもっとも手腕を評価される男のひとりである。

「かわいそうだったね。サンデーサイレンスみたいな馬はこの先、二度と出るもんじゃない……」

サンデーサイレンスがフレグモーネのために種付けを中止したのが、今年の五月。その直後から、CBスタッドは急に慌ただしくなった。それまでサンデーサイレンスの種付けをする予定だった生産者が、先を争うようにブライアンズタイムに助けを求めてきたのである。

「元来うちは、どんなに申し込みがあっても八〇頭くらいまでしか種付けしない。ブライアンズタイムの全六二株の枠に加え、受胎率の様子を見ながら少しずつ付けていく。繁殖（牝馬）も直検（直腸検査）をやってみて、悪かったら中止する。だからうちは受胎率がいいんだ。しかし、今年は助けを求めてきた者を断るわけにもいかなかった。結局、一五〇頭も付けることになってしまった……」

これまでサンデーサイレンスとブライアンズタイムは、ある程度の棲《す》み分けができていた。

サンデー産駒の繁殖にはブライアンズが付ける。ブライアンズ産駒にはサンデー。またいずれもノーザンダンサーの血を持っていないことから、ノーザン系の繁殖には人気を二分して種付けをしていた。

ところがサンデーサイレンスの死によりそのバランスが崩れ、ノーザン系の繁殖を抱える生産者が一気にCBスタッドに押し寄せたのである。

興味深いのは、佐々木が〝一五〇頭も〟といういい方をしたことだ。しかも、これは「今年だけの特例」だという。

確かに欧米の一流種牡馬を例にとってみても、普通、種付けは年間に数十頭、一〇〇頭を超える馬はむしろ稀《まれ》である。佐々木は、そのあたりが種牡馬としての一般的な能力の限界だという。だが、サンデーサイレンスは、年間に二〇〇頭以上に種付けしていた。

「馬の身になって考えてみろよ。いくら経済動物だからといったって、機械じゃないんだ」

通常、馬の種付けのシーズンは三月から七月までの五カ月、しかも最盛期は四月と五月の二カ月に集中する。

ところが馬の種付けには、予定や日程というものが存在しない。繁殖牝馬の発情が突然にやってくることがその理由だ。つまり、一日一回、五カ月で一五〇頭という計算は成り立たないのだ。

今年、一五〇頭に付けたブライアンズタイムでさえ、一日に種付け五回という日もあった。これは明らかにオーバーワークである。

佐々木はいう。

「回数が多すぎれば、馬も集中力が落ちる。事故や怪我《けが》も多くなる。それに当然、受胎率も悪くなるしね。もっともサンデーサイレンスが二〇〇頭付けてたことに関しては、なんともいえない。あの馬にはそれだけの能力があったということなのかもしれないしね」

昨年から今年にかけて、サンデーサイレンスの種付け料は一頭三〇〇〇万円。一〇〇頭で打ち切るか、それとも二〇〇頭付けるかでは三〇億円もの利益の差が生じることになる。種付けまでも営利企業であることを考えれば、「できるだけ多く付ける」ことはむしろ当然だ。

「しかし、〝付けられる〟というのと〝付けてもいい〟というのは違う。将来の日本の血統地図のことを考えれば、年間に（一頭の馬が）二〇〇頭も付けるべきじゃない」

またしても、「血統地図」という言葉が出てきた。そういえば前日、後藤正俊も同じようなことをいっていた。

もしサンデーサイレンスがあと一〇年、年間二〇〇頭ずつ付けていたとしたら、「日本の血統地図はとんでもないことになっていた――」と。

血統地図の崩壊

日高は別名〝サラブレッド銀座〟とも呼ばれる。

新冠《にいかっぷ》、門別、静内《しずない》といった広大な地域には、サラブレッドに関するありとあらゆる牧場がひしめき合っている。

生産牧場ひとつをとってみても、年間数頭という零細企業から数十頭以上の大企業まで、規模も様々だ。

その中で、ぜひ話を聞かなければならなかったのが、サンデーサイレンスの株を所有していた牧場だ。つまり、その死によって、実際に損をした側の人々である。

門別の『下河辺《しもこうべ》牧場』は、日高勢力の中心的な役を担う牧場のひとつである。

年間生産頭数は六〇～六五頭。社長の下河辺俊行は『ブリーダーズ・スタリオン・ステーション』の代表も兼務し、もちろんサンデーサイレンスの株も所有していた。その下河辺牧場で、実質的に牧場の業務を取りしきる下河辺行雄に話を聞くことができた。

「時代が終わったな、という印象ですね。これはあくまでも個人的な意見ですが、日本の馬産は精神的な軸を失ったのではないでしょうか。これまではトップにサンデーがいたおかげで、日本の生産界がなんとか海外に対抗できていた。サンデーが防波堤になってマル外たちから内国産馬を守ってくれていたんです。そのサンデーが死んで、日本は攻められやすくなった」

下河辺は、サンデーサイレンスの死による実質的な損失よりも、むしろ二次的な被害のほうが心配だという。例えば二〇〇三年のセレクトセールで、サンデーサイレンスの産駒が内国産としては史上二番目の価格となる三億三〇〇〇万円で落札された。もちろんこれは日高の馬ではない。だが下河辺は、「二億、三億の馬がいたから他の馬（日高の馬）にも値段がついた」と分析する。

つまりサンデーサイレンスが、これまでは内国産のサラブレッド全体の価格の底上げに寄与していた。だが、内国産で億単位の値が付く馬は、事実上、サンデーサイレンス産駒以外には存在しない。結果としていままで高額の馬を買っていた馬主はマル外に走り、内国産馬全体の〝価格崩壊〟がはじまる。これがサンデーサイレンスの死による二次的被害の図式だ。

「さらに大きな問題も持ち上がっています。日本でいま、かつてのノーザンダンサーと同じことが起こりつつある……」

ノーザンダンサー――。

一九六一年にカナダで生まれた、「世界の血統地図を塗り換えた」とまでいわれる二〇世紀最大の種牡馬である。

現役時代にアメリカで一八戦一四勝という成績を残し、六五年から種牡馬生活に入ると、二年目に英三冠馬となるニジンスキーを輩出。これを機に七〇年には英愛の、さらに七一年には北米のリーディング・サイアーを獲得。またたく間にその血統を全世界に拡散する大成功を収めた。現在、世界のサラブレッドは、「ノーザンダンサー系かもしくはそれ以外か」に二分されるとまでいわれている。

もちろん日本の競馬界も例外ではない。ノーザンテースト、マルゼンスキーなどの名種牡馬によって、ノーザンダンサーの血は内国産のサラブレッドの主流となっている。

だがここで、問題が生じた。ノーザンダンサー系の馬があまりに増えすぎたために、世界的に〝血の飽和状態〟に陥ったのである。

実はサンデーサイレンスが爆発的な成功を納めた理由の一端もここにある。

当時の日本のトップクラスの繁殖牝馬は、ほとんどがノーザンダンサー系だった。これに対してサンデーサイレンスの血には、ノーザンダンサーの血が入っていない。つまりどんな牝馬にかけ合わせても、アウトブリードになりやすい。ところが今度は、そのサンデーサイレンスの血が蔓延《まんえん》しはじめた。

ならば、日本の生産者はこの危機をいかにして乗り切るべきなのか。

「いままでは日本の馬産全体が、馬に頼っていた。サンデーサイレンスというたった一頭の種牡馬に。しかしこれからは、人間が防波堤にならなくてはならない時代がくる。そのためには、ひとりひとりがレベルを上げていかないと。ポジティブに考えれば、サンデーはいい繁殖を残してくれました。その血統を生かせる者だけが、この世界で生き残れるということです」

すでに下河辺牧場では、数年前から将来を見越して動きはじめていたという。

九七年からブリーダーズ・スタリオン・ステーションに供用される種牡馬、ソウルオブザマター（九一年米国産）を輸入したことも、サンデーサイレンスの血統に対する対応策の一環だった。さらに、現在は〝アメリカの血統〟からもっとも遠いといわれる〝ドイツの血統〟の導入も検討されている。

候補に挙がっているのは、九五年のジャパンカップを制したあのランドの血統だ。これらの種牡馬は、サンデーサイレンスとは血統的に遠い。つまり、サンデーサイレンスの血を持つ牝馬に付けることを目的とされた種牡馬なのである。

日本のサラブレッドの血統地図の崩壊。ノーザンダンサーの悲劇の再燃。関係者の証言は、言葉の違いこそあれ、すべて同じ危機感を指摘している。

だが、本当にサンデーサイレンスの血の蔓延は、それほど深刻なものなのだろうか。

遺産

この一〇年間のサンデーサイレンスに関するデータは、膨大な量にのぼる。

それら手元にある数字を分析することにより、ある種のシミュレーションを試みてみた。

まず気になるのは、サンデーサイレンスの生産頭数だ。だが種付けの回数があまりにも多く、受胎率や受胎牝馬の海外輸出など把握不可能な要因もあって、正確な数字はわからない。一応、社台側の集計としては二〇〇〇年までに計一一二一頭ということになっている。これに〇一年から〇三年度の分を含めると、産駒はおよそ一五〇〇頭強といったところだろうか。

このうち、牝馬の数は約七五〇頭。サンデーサイレンスの牝馬はレースへの出走、未出走に関《かか》わりなくほとんどが繁殖として残るので、その比率を九割と仮定しても六七五頭の繁殖、もしくはその予備群が存在することになる。

だが、この数字はあくまでもサンデーサイレンスの直仔《ちょくし》の数にすぎない。さらに孫の代まで計算に入れると、サンデー系の潜在的な繁殖牝馬の数は途方もない数になる。

後藤がいった、「サンデーの繁殖は一〇〇〇頭はいる」という推測は、けっして非現実的な数字ではないことがわかってくる。しかも、その数はこれから年を追うごとに増加していく。

そしてその八割、つまり八〇〇頭が、これから毎年サンデー系の仔を生み続けることになるのだ。

この数字の持つ意味を、さらに多角的に追求してみよう。

現在日本の生産界が繋養する繁殖牝馬の総数（種付け頭数）は一万一九三四頭。うち、生産数は八七八九頭（いずれも〇一年度）。繁殖牝馬の頭数、もしくはその生産数のみで考えてみれば、いくら多いとはいえサンデーサイレンス系は全体の一〇分の一にも満たない。

だが、問題は繁殖牝馬の数だけではない。牡、つまり種牡馬の可能性を加算すると、事情は一気に深刻度を増してくる。

サンデーサイレンスの直仔の種牡馬は、〇二年九月現在で約五〇頭。そのうちフジキセキ、スペシャルウィーク、アグネスタキオン、ステイゴールドなど計三三頭が国内でけい養されている。

これに加えてすでにダイタクリーヴァなど孫の代までが種牡馬としてデビューしはじめた。さらに予備群を加えると、数年以内にサンデー系の種牡馬は国内だけで五〇頭を超えると予測できる。

この五〇頭が年平均六〇頭ずつに種付けし、そのうちの五〇頭が受胎したと仮定してみよう。五〇×五〇＝二五〇〇頭が毎年、サンデーの父系として日本で生産されることになるのだ。

さらにこれに母系を加えると、なんと三三〇〇頭。これは一〇年に、ではない。一年に、だ。日本の馬産の全八七八九頭のうち、実に三七・五％をサンデーサイレンスが占めることになる。

そしてＪＲＡの登録頭数が毎年二六〇〇～二七〇〇頭前後であることを考えると、実際にレースを走る馬は近い将来、「半分以上がサンデーサイレンス系……」になる可能性はきわめて高い。

まさに、血の飽和状態である。

かつてノーザンダンサーの血は、世界のサラブレッドの三分の一にまで蔓延しているといわれた。ある動物学者は、サラブレッドという種をひとつの生命体に例えて「ノーザンダンサーの血は全身に転移した癌《がん》細胞に等しい」とまでいった。それと同じことが、もしくはそれ以上のことがいまサンデーサイレンスを中心にして日本の生産界で起こりつつあるのだ。

もしサンデーサイレンスの血が日本のサラブレッドの過半数に達すれば、配合が行き詰まることは目に見えている。もし競馬が馬の闘争本能を利用した競技であるとするならば、レースそのものが成り立たなくなる。そして日本のサラブレッドの血統地図は、完全に崩壊する。

だが、サンデーサイレンスが日本の馬産を海外から守り、日本の競馬を世界レベルにまで押し上げ、さらに優秀な血統を日本に残したこともまた事実なのだ。

サンデーサイレンスに、罪はない。

光と影

門別の『野島牧場』は、広さおよそ一一ヘクタール。年間に一〇頭前後を生産する日高としては中堅の生産牧場である。

日高に入って二日目の夜、門別の町に出て、牧場の経営陣のひとり、野島泰と酒を飲んだ。

「サンデーが死んで、ステータスシンボルがいなくなったという感じかな。いままではサンデーの仔を買うためにお客さんがマーケットに集まってきた。そしてその馬に高くて手を出せなかった馬主が、ほかの馬を買ってたんだ。これから、どうなるのかな……」

野島の話し方は、あくまでも物静かだった。どこか、まったく別の世界のことを話しているような、奇妙なほどの冷静さを含んでいる。

その野島に、これからの日本の血統地図はどうなっていくのか、率直に訊いてみた。

「サンデーだけが別格だったからね。後継者なんか、いないと思うよ。これからは将来の血統のことまで考えて種牡馬を選ばなければいけないんだけど、そんなものいないんだよ。だいだい日高には（サンデーサイレンスの死は）無関係なんだ。日高にサンデーで儲《もう》けた牧場なんて、ほとんどないんだから。うちだってサンデーサイレンスなんて、一度も付けたことはないんだ」

日高にサンデーサイレンスで儲かった牧場はない——。

日本一の種牡馬が、日本最大の馬産地に利益をもたらしていない。いったいこれは、どういうことなのか。だがこの言葉の裏に、サンデーサイレンスという種牡馬の本質が隠されている。

野島はサンデーサイレンスを一度も付けたことはないといった。理由は、一回三〇〇〇万円という高額の種付け料にある。

確かに、牡が生まれ五〇〇〇万円以上で売れれば十分に儲かる。しかし、牝が生まれれば一〇〇〇万円でも売れないかもしれない。それだけのリスクを負うだけの体力を、日高の平均的な中堅牧場は持っていない。それが日本の馬産地の現実なのだ。

ならば、誰が儲かったのか。

もちろん社台グループをはじめシンジケートの株主は十分に利益を得ている。一部の馬主も賞金などで儲かったかもしれない。だが、あくまでもそれはごく一部の特例にすぎない。それ以外には、サンデーサイレンスによって儲かった人間はほとんど存在しないのである。

サンデーサイレンスとは、一体何者だったのだろうか。

一頭の馬の生涯を史実に重ね合わせて論じることは、暴論だろうか。

だが私は、サンデーサイレンスという馬の存在を考えるとき、なぜかいつもローマ帝国やモンゴル帝国を想《おも》い浮かべてしまう。

歴史上に忽然《こつぜん》と姿を現し、風のように世界を制圧し隆盛と栄華を誇った大帝国である。

だが、栄華は続かない。必要以上に勢力を伸ばした帝国は、いずれ滅亡する運命をたどる。

盛者必衰の理、それが世の条理なのだ。

私は後藤のいったひと言が、最後まで心の底に引っ掛かっていた。

——サンデーサイレンスの死は、生命体としての条理だったのではないのか——

その言葉の意味が少しずつわかりはじめていた。

あらゆる動物は、一頭が個の命を持っている。だが種を命の集合体としての単位と考えるならば、自然界においてもうひとつの生命体としての役を果たしている。

生命体は、免疫機能を持つ。増えすぎたレミング（ねずみ）が暴走の末に自滅するように、もしくは新種の疫病が発生するように、必要以上の繁栄をどこかで調整し、種を絶滅から守ろうとする。

サンデーサイレンスは、外傷もないのにフレグモーネを発症した。それが今回の〝事件〟の、最大の謎だった。だが、もしかしたらそれは、サラブレッドという種が生命体としての免疫機能を発揮した結果ではなかったのか。

生命の神秘は、理解していたのだ。これ以上サンデーサイレンスが繁栄すれば、やがては日本のサラブレッドそのものの存続が危ぶまれることを――。

帝国は、やがて滅びる。支配者は、その力を失う。

だがいつの時代にも、必ず生き残る者たちがいる。それは、民衆だ。彼らは戦乱の嵐に耐え、大地にしがみつき、やがて訪れる自分たちの春を静かに待ち続ける。

「サンデーが死んでも、日高は変わらない。これからもずっと、変わらないんだよ」

野島は、静かにいった。

【追記】サンデーサイレンスの死から四年後の二〇〇五年、その産駒ディープインパクトはシンボリルドルフ以来二頭目となる無敗でクラシック三冠を達成。翌二〇〇六年に現役を引退して種牡馬となった。二〇一七年に死没したが、二〇一二年から現在（二〇二二年）までリーディングサイアーの座に君臨している。

この作品は『伝説のパイプレイヤー』（一九九八年五月刊・KKベストセラーズ）『たった一瞬の栄光』（一九九九年十月刊・祥伝社文庫）『奔馬、燃え尽きるまで』（二〇〇〇年十月刊・祥伝社黄金文庫）『逃げ馬物語』（二〇〇二年三月刊・アミューズブックス）『サンデーサイレンスの奇跡』（二〇〇八年六月刊・KKベストセラーズ）から抜粋、加筆訂正を加え、再編集したものです。馬齢は当時の表記法によっています。

Haruki Bunko
ハルキ文庫

し 16-2

奇蹟《きせき》の馬《うま》 サイレンススズカ

著者 柴田哲孝《しばたてつたか》

2022年4月18日第一刷発行

発行者 角川春樹

発行所 株式会社角川春樹事務所
〒102-0074 東京都千代田区九段南2-1-30 イタリア文化会館

電話 03(3263)5247(編集)
03(3263)5881(営業)

印刷・製本 中央精版印刷株式会社

フォーマット・デザイン 芦澤泰偉
表紙イラストレーション 門坂 流

ISBN978-4-7584-4474-3 C0195 ©2022 Shibata Tetsutaka Printed in Japan
http://www.kadokawaharuki.co.jp/[営業]
fanmail@kadokawaharuki.co.jp[編集] ご意見・ご感想をお寄せください。

柴田哲孝の本

幕末紀

「宇和島藩伊達家の墓所の中にある」柴田家の墓。重臣といえるほどの名家ではない柴田家が、なぜそのような所に祀られているのか。その謎を解く鍵となる人物が、著者の四世代前の祖先、高祖父に当たる〝柴田快太郎〟であった——！　八代藩主伊達宗城の密命を受け脱藩したという高祖父の伝説を、『下山事件　最後の証言』で昭和史の謎を掘り起こした柴田哲孝が、再び現代に蘇らせる！
幕末の動乱を迫真の筆致と視点で描く、歴史小説の傑作、誕生。

単行本

渡辺裕之の本

911代理店

「911」——米国は日本と違い、警察、消防、救急の区別なく、緊急事態は全てこの番号に電話を掛ける。そこで必要な処置を決定するのだ。「株式会社911代理店」はそれを日本で行うことを目的とする。恋人をテロで失い自棄になっていた元スカイマーシャルの神谷隼人は、ある出来事を契機にそこに勤めることに。しかし元悪徳警官と名高い社長をはじめ、元詐欺師に現天才ハッカーなどと、社員は皆一癖も二癖もあって!?　最強のアウトローたちが正義とは何かを問う、痛快アクション！